DU DIVORCE,

CONSIDÉRÉ AU XIXe SIÈCLE

RELATIVEMENT

A L'ÉTAT DOMESTIQUE

ET

A L'ÉTAT PUBLIC

DE SOCIÉTÉ.

1993

DU DIVORCE,

CONSIDÉRÉ AU XIXᵉ SIÈCLE

RELATIVEMENT

A L'ÉTAT DOMESTIQUE

ET

A L'ÉTAT PUBLIC

DE SOCIÉTÉ

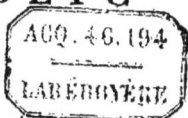

Par M. DE BONALD.

SECONDE ÉDITION,

Revue, corrigée et augmentée par l'Auteur.

« Si le législateur, se trompant dans son objet, établit un
» *principe* différent de celui qui naît de *la nature* des
» choses, l'État ne cessera d'être agité, jusqu'à ce qu'il
» soit détruit ou changé, et que l'invincible nature ait
» repris son empire ». *Cont. Soc.*

A PARIS,

Chez Adrien LE CLERE, Imprimeur-Libraire,
quai des Augustins, nº. 39.

1805.

DISCOURS
PRÉLIMINAIRE.

C'EST une source féconde d'erreurs, lorsqu'on traite une question relative à la société, de la considérer seule, et sans *rapport* aux autres questions, parce que la société elle-même n'est qu'un ensemble de relations et de *rapports*, et que, dans le corps social, comme dans tout corps organisé, c'est-à-dire, dont les parties sont disposées dans de certains *rapports* entre elles relatifs à une fin déterminée, la cessation des fonctions vitales ne vient pas de l'anéantissement des parties, mais de leur déplacement, et du dérangement de leurs *rapports.*

Comment, en effet, traiter du divorce qui désunit le père, la mère, l'enfant, sans parler de la société qui les réunit ? Comment traiter de l'état domestique de société ou de la famille, sans considérer l'état public ou politique qui intervient à sa formation, pour en garantir la stabilité et en assurer les effets ? Mais la raison du pouvoir domestique qui réunit les hommes

A

dans la famille, la raison du pouvoir public, qui réunit les familles en corps d'État, ne se trouve, au fond, ni dans l'homme, ni dans la famille; car l'homme est par lui-même indépendant de tout autre homme, et la famille de toute autre famille. Il faut donc remonter au pouvoir suprême universel sur les êtres; je veux dire, à la connaissance d'un être supérieur à l'homme, et préexistant à la société humaine, dont la volonté conservatrice des êtres créés se manifeste dans un ordre déterminé de *rapports*, lesquels, exprimés par des lois, constituent le pouvoir humain, et, par conséquent, la société; pouvoir universel de Dieu sur les hommes, devoirs des hommes envers Dieu, qui expliquent l'inexplicable pouvoir de l'homme sur l'homme, et les devoirs qui en découlent; pouvoir divin, dont la connaissance et le culte sont l'objet de la *religion* ou de la société qui unit, qui lie, de *religare*, parce qu'elle est le lien et la raison des autres sociétés.

C'est là la marche de la raison, mais ce n'est pas celle de la philosophie moderne; et puisque la question qui nous occupe, la première et la plus fondamentale de toutes les questions sociales, est le champ de bataille où cette philosophie combat, depuis si long-temps, contre la raison, on me permettra d'exposer ici, avec quelque détail, le sujet de leur querelle, et ses effets sur la société.

Une raison exercée comprend tous les êtres, et leurs rapports existans et même possibles, sous ces trois idées générales, et les plus générales que l'esprit puisse concevoir : *cause, moyen, effet* (1), dont la perception est la base de tout jugement, et dont la réalité au dehors est le fondement de tout ordre social : et pour appliquer à la société ce principe, un peu abstrait peut-être, la raison voit, dans Dieu qui *veut*, la *cause* première ; dans *l'homme*, quel qu'il soit, qui *agit* en exécution de cette volonté, la cause seconde, ou le *moyen*, le ministre, le *médiateur;* et l'*effet*, dans cet ordre de choses appelé *société*, qui résulte de la volonté de Dieu et de l'action de l'homme.

Ainsi, le pouvoir suprême est dans l'intelligence suprême ou dans Dieu ; le pouvoir subordonné est dans l'intelligence subordonnée ou dans un homme ; et cet *être humain, pouvoir* lui-même, dans l'ordre domestique de société comme dans l'ordre public, a sous lui des

---

(1) Voyez la *Législation primitive* du même auteur, où ces idées sont développées et appliquées à la société. La *Législation primitive* se trouve chez Le Clere, quai des Augustins, n°. 59. Prix : 10 fr. 50 c., et 14 fr. franc de port.

ministres et des *sujets;* en sorte que l'ordre particulier, constitué comme l'ordre général, est un enchaînement de *causes* premières, de *moyens* ou causes secondes, et d'*effets*, ordre croyable à la raison de l'homme, puisqu'il est existant, et même *sensible* dans son action particulière.

La philosophie ancienne admettait ces principes fondamentaux de tout ordre et de tout jugement; mais, faible pédagogue de peuples enfans, elle défigurait la vérité par les imaginations bizarres sous lesquelles elle la leur présentait. Elle chantait, dans ses riantes poésies, le chaos et le temps, l'homme animé par un rayon dérobé à la Divinité, les dieux conversant avec les hommes, l'âge d'or, les hommes, dans l'origine, heureux et innocens; bientôt tous les maux répandus sur la terre par l'imprudence d'une femme, chef-d'œuvre d'une Divinité; l'espérance seule d'un meilleur avenir laissée au genre humain; les hommes corrompus, en guerre les uns contre les autres; la faiblesse sans protection contre la force, *tantumque haberent*, dit Cicéron, *quantum manu et viribus per cædem ac vulnera aut eripere aut retinere potuissent;* enfin des hommes inspirés par les dieux, pour tirer les hommes de cet état de férocité et de destruction, en donnant des lois aux sociétés : fictions brillantes qui enveloppent d'antiques vérités, anciennes traditions qui ressemblent à des souvenirs à demi-effacés.

La philosophie païenne avait retenu l'empreinte d'une autre vérité primitive. La raison disait aux hommes, que la volonté de l'Être-Suprême étant souverainement éclairée, doit être parfaitement fixe et immuable. Les anciens crurent cette volonté immuable, mais ils ne la jugèrent pas éclairée. Ils la supposèrent même aveugle, parce qu'elle était uniforme, et ils en firent le *destin*, qui était supérieur aux hommes et même aux dieux; et il est vrai, dans un sens, que Dieu même obéit à sa volonté, et qu'étant souverainement libre, il ne peut rien faire contre sa volonté.

Ainsi le paganisme séparait, dans Dieu, la volonté de l'intelligence, ce qui est absurde, et personnifiait la volonté sous le nom de *destin*, supérieur à l'intelligence même; et le christianisme distingue, en Dieu, la volonté de l'action, et il fait l'action *procédant* de la volonté, ce qui est conforme à la raison ; en sorte qu'il distingue Dieu qui veut par sa seule pensée, de Dieu ou plutôt de l'Homme-Dieu qui agit au dehors, et *par qui tout a été fait.* Mais revenons.

La philosophie moderne, née en Grèce, de

ce peuple éternellement enfant, qui *chercha
toujours la sagesse* hors des voies de la raison,
commence par ôter Dieu de l'univers, soit
qu'avec les athées elle refuse à Dieu toute volonté, en lui refusant même l'existence; soit
qu'avec les déistes elle admette la volonté
créatrice, et rejette l'action conservatrice ou
la Providence; et pour expliquer la société,
elle ne remonte pas plus haut que l'homme :
car je fais grace au lecteur de tout ce qu'elle
a imaginé pour rendre raison de la formation
de l'univers physique, et même de l'homme,
sans recourir à un être intelligent supérieur à
l'homme et à l'univers. Elle a dit sur ce sujet
des choses si inouies; elle a donné à l'existence
de l'homme, de ce chef-d'œuvre de la création,
merveille lui-même au milieu de tant de mer-
veilles, des causes si absurdes agissant par des
moyens si ridicules, qu'elle-même aujourd'hui,
mieux avisée, impose silence à ses adeptes sur
ces systêmes insensés, que, pour l'honneur du
temps où nous avons vécu, il faut oublier, s'il
est possible, et sur-tout ne pas transmettre à
la postérité. *Nec postera credant sæcula.*

Nos philosophes, Hobbes excepté, étaient
loin de supposer que les hommes, antérieurement à la société, fussent en guerre les uns
contre les autres. « L'homme est né bon », dit

J. J. Rousseau; « dans l'état de pure nature,
» dit M. de Montesquieu, les hommes ne cher-
» cheraient pas à s'attaquer, et la paix serait
» leur première (1) loi naturelle ». Dès-lors
l'état de société n'était plus *nécessaire*, il
n'était, tout au plus, que convenable ; l'homme
n'entrait pas en société pour conserver son existence, mais pour ajouter à ses plaisirs ; et avec
ce principe, quand nos sophistes auraient admis
la croyance de la Divinité, il ne leur était plus
nécessaire de la faire intervenir pour donner
des lois aux hommes, parce que la Divinité
ne peut jamais intervenir sans nécessité ; et
l'homme *né bon*, ou n'avait pas besoin de lois,
ou était assez bon pour donner des lois aux
hommes.

Et en effet, ces mêmes philosophes qui
avaient rêvé à leur manière un prétendu état
de pure nature antérieur à toute société, où
les hommes étaient heureux et bons, nous font
tout-à-coup apparaître des sages, des *hommes
de génie*, philosophes, instituteurs et bienfai-
teurs des peuples, qui d'eux-mêmes donnent
des lois au genre humain, docile à les recevoir :
sans daigner nous apprendre pourquoi il avait
fallu des lois à des hommes qui avaient, sans

(1) La paix est un *état* et non une *loi*.

A 4

lois, le bonheur et la vertu; par quel événement des êtres bons·de leur nature, étaient devenus mauvais; ou, enfin, si les hommes étaient devenus mauvais, par quel privilége quelques–uns s'étaient préservés de la corruption générale, et tous les autres, déchus de leur bonté native, en avaient retenu la docilité.

Quoi qu'il en soit, on ne pouvait attribuer à l'homme le pouvoir de faire des lois et de former la société, sans lui attribuer le pouvoir de les abolir et de dissoudre la société : aussi J. J. Rousseau avança solennellement, « qu'un » peuple a toujours le droit de changer ses lois, » même les meilleures; car s'il veut se faire mal » à lui-même, qui est-ce qui a le droit de l'en » empêcher (1) » ? Nos philosophes avaient senti que l'homme étant originellement indépendant de l'homme, tout homme qui fesait des lois devait être *envoyé* pour en faire; et dès qu'ils rejetaient toute mission divine, c'était une conséquence nécessaire qu'ils eussent

---

(1) On ne croira pas un jour, que l'écrivain qui a proféré cette absurdité, et celle-ci : *l'homme qui pense est un animal dépravé*, et tant d'autres, ait été exposé, dans le plus beau lieu de l'Europe, à la vénération du peuple le plus éclairé de l'univers.

recours à une mission humaine, et qu'ils cher-
chassent dans une agrégation d'hommes, la
raison du pouvoir qu'ils ne trouvaient pas dans
un seul.

Mais le peuple lui-même n'était qu'une collection d'hommes, et c'étaient des hommes qui
envoyaient des hommes pour donner des lois
aux hommes. D'ailleurs, en déférant à la raison
d'un seul homme pour l'acte le plus important
de la société, l'institution des lois, le peuple
reconnaissait l'insuffisance de sa raison pour se
gouverner. Il n'agissait donc qu'en vertu de sa
masse, ou de la supériorité de son nombre;
c'était donc la masse qui *envoyait* la raison;
aussi Jurieu, l'apôtre de la souveraineté populaire, ne put se tirer de cette inextricable
difficulté qu'en affirmant naïvement, « que le
» peuple est la seule autorité qui n'ait pas be-
» soin d'avoir raison pour valider ses actes ».
Ce qui prévenait toute objection, et terminait
toute dispute.

Ces législateurs, *envoyés* par le peuple, ou
sans être envoyés, agissant en son nom, furent, en Grèce, Solon ou Lycurgue ; à Rome,
des rois, des décemvirs, des triumvirs, ou
des tribuns ; et dans des temps postérieurs,
furent Mahomet, Luther, et mille autres.
En Grèce même, véritable patrimoine des

législateurs, les sages n'attendaient pas la mission, ils la prévenaient, et parcouraient le
pays, cherchant par-tout des lois à refaire et
des cités à policer. La législation ne fut pas
cette médecine amère, qu'un malade en délire
rejette loin de la demander, et qu'il ne prend
que lorsque le médecin emploie la force pour
l'y contraindre ; mais le vêtement que se fait
faire pour sa commodité l'homme en pleine
santé, ample sur-tout, et qui laisse à ses mouvemens la plus grande liberté : comparaison
que M. de Montesquieu me fournit lui-même,
lorsqu'il dit, qu'un législateur sage doit *essayer*
les lois au peuple, pour voir si elles lui conviennent ; et il a fait passer cette erreur, avec
bien d'autres, à l'aide de beaucoup d'esprit et
d'un style inimitable.

Parmi ces législateurs populaires, l'un permit au père d'exposer son enfant, l'autre à la
femme de renvoyer son mari ; celui-ci ordonna
au maître d'aller à la chasse de son esclave ;
celui-là conseilla les amours infâmes ; en Crète,
l'insurrection du peuple contre le magistrat fut
prévue et soumise à des règles ; ici les hommes
s'égorgèrent dans les jeux publics, pour amuser
leurs semblables ; là les artisans s'assirent dans
les tribunaux, pour juger leurs concitoyens ; en
Grèce on inventa l'ostracisme, pour se défaire

d'Aristide; à Rome, on se contenta de condamner Verrès à une amende, etc. etc.; et je
fais grace au lecteur de bien d'autres lois, et
sur-tout de nos lois révolutionnaires, aux-
quelles rien ne peut être comparé. Ce n'est pas
qu'il n'y eût de l'esprit, plus ou moins, dans
toutes ces législations, comme il y a de l'art,
et même beaucoup, à cette tour penchée qu'on
voit à Pise, qui se soutient hors de son aplomb,
mais qui croulerait au moindre ébranlement :

> *Jamjam lapsura, cadentique*
> *Imminet assimilis.*

Mais il n'y eut rien de naturel, rien de nécessaire, et les hommes ne firent que substituer
des rapports de leur invention aux rapports que
le Créateur, père du genre humain, avait
établis entre les êtres.

Il n'appartient qu'à l'Être, souverainement
bon, de se répondre à lui-même de la perfection de ses ouvrages, et de *voir qu'ils sont*
très-bons (1). Les hommes reconnaissent, avec
le temps, l'imperfection et le vice de leurs œuvres; et nos philosophes, mieux placés que les
anciens pour juger de l'effet de ces institutions
humaines, frappés de leur inconsistance, et sur-
tout des désordres qu'elles avaient introduits

---

(1) Genèse, chap. 1.

dans les sociétés, brisèrent leur idole de leurs propres mains, et déclarèrent, par l'organe de J. J. Rousseau : « que l'homme est né bon, et » que la société le déprave » ; et encore : « tout » ce qui n'est pas dans la nature a ses inconvé- » niens, et la société civile plus que tout le » reste ». Ce philosophe fut même beaucoup plus loin, et il avança, « que l'homme qui » pense est un animal dépravé ». Cette opinion, au reste, n'était pas un accès d'humeur d'un misanthrope mécontent des autres et de lui-même. Les idées d'ordre, de raison, de jus-tice, de bien, de mal, fondement de toute législation, sont les idées les plus générales que l'esprit puisse concevoir ; et un autre phi-losophe, Condillac, nous apprend : « que les » idées générales prouvent la limitation de » notre esprit, que Dieu n'en a nullement be- » soin » ; et ailleurs il nous dit « que les bêtes » ont des idées générales » ; en sorte que la fonction de donner des lois aux hommes, re-gardée comme le plus noble exercice de l'in-telligence, n'en prouverait que l'insuffisance et la faiblesse. Et certes, on remarquera sans doute que je ne cite que les maîtres ; on ver-rait bien d'autres absurdités, et j'aurais trop d'avantage, si je voulais citer les gloses des disciples.

Dès que J. J. Rousseau eut avancé *que la société déprave l'homme*, conséquent à son principe, il chassa l'homme de la société, et le renvoya à l'état de nature, antérieur, selon lui, à la société, et qu'il plaça dans la vie sauvage (nous en verrons bientôt la raison); nouvelle erreur : comme si la société consistait dans les murs de nos maisons ou dans l'enceinte de nos cités, et que par-tout où il naît un homme, il n'y eût pas un père, une mère, un enfant, un langage, le ciel, la terre, Dieu et la société.

Mais si l'homme était dépravé par la société, il était bon avant d'entrer en société. L'état sauvage, qui précède notre état de société, était donc un état bon; en sorte que nos philosophes modernes, et particulièrement celui de Genève, entrèrent dans le sentiment de ces philosophes dont parle Leibnitz, « qui voient » la nature là où il y a le moins d'art, ne faisant » pas attention que la perfection comporte tou- » jours l'art avec elle ». Car Leibnitz, au lieu de placer l'état naturel de l'être dans l'état origi- nel ou natif, comme ces philosophes, ne le place que dans l'état subséquent et perfectionné.

Une fois qu'il fut convenu que la vie sauvage est l'état naturel de l'homme, on s'extasia sur l'industrie de ces hommes qui, la tête dans les deux mains, passent les journées entières sans proférer une parole, accroupis tout nus dans les cabanes enfumées où ils entrent en rampant; sur les vertus de ces hommes intempérans jusqu'à la fureur, joueurs jusqu'à la frénésie, violens dans leurs querelles, vains de leur parure, voleurs, paresseux, qui font languir leurs prisonniers dans des tortures affreuses, les rôtissent et les mangent; sur la force de ces hommes qu'une poignée d'hommes civilisés chasse devant elle, comme le vent chasse la poussière. De l'admiration pour les sauvages, on ne tarda pas à passer à l'imitation de leurs mœurs. On chercha à se rapprocher de cet état de pure nature, non dans les habitudes physiques, trop chères à la mollesse pour qu'on tentât de les réformer, mais dans les habitudes morales, incommodes aux passions, et l'on fut plus loin que les sauvages eux-mêmes.

En effet, le sauvage transmet à ses enfans, au moins par l'exemple de ses superstitions, quelque idée grossière d'êtres invisibles, supérieurs aux hommes, et J. J. Rousseau défendit qu'on parlât, à l'enfant, de Dieu et de son ame, jusqu'à ce qu'il eût atteint l'âge de quinze ans; encore craignait-il de lui donner de trop bonne heure cette connaissance : « car qui sait, dit-il, » s'il n'est pas encore trop tôt à dix-huit ans » ?

Mais, en même temps, il n'oubliait rien pour fortifier le corps de tout ce qu'il ôtait à l'esprit; et, graces à ses leçons, l'enfant, même celui que les circonstances destinaient à commander à d'autres hommes par l'autorité des lois, dans les emplois publics, sut courir, sauter, nager, sut même un peu de géométrie et d'histoire naturelle, colla des plantes, cloua des papillons, classa des insectes, et ne sut rien sur la première de toutes les sciences, la science du *pouvoir* de la société et des *devoirs* de l'homme.

Struebat jam fortuna in diversá parte terrarum initia causasque imperii; c'est ainsi que Tacite commence le récit d'une des révolutions de l'empire romain; et l'on pourrait dire aussi, en parlant de l'époque où ces doctrines coupables commencèrent à se répandre, « que » déjà la philosophie jetait dans des régions » étrangères à tout ordre et à toute société, » les fondemens de l'épouvantable domination » qu'elle a un moment exercée sur la France ». Alors commençait en Europe cette révolution dont la France a tant de peine à sortir; et il s'élevait, pour les temps qui allaient venir, une race de *géans* en malice, dont l'esprit inculte ou mal cultivé était ouvert à toutes les erreurs, et dont le corps endurci était prêt à toutes les fatigues.

Nous avons parlé de l'état de nature, et nous n'avons pas développé le sens plus étendu que les sophistes attachent à cette expression.

Cette force infinie qui entraîne l'homme et ses systèmes, les peuples et leurs institutions, l'univers même et ses vicissitudes dans un ordre général, que les désordres particuliers ne sauraient troubler, ne cessait, depuis l'origine des temps, d'avertir l'homme qu'il n'est pas la cause de la société, et qu'il n'y est qu'un moyen, et le plus souvent qu'un instrument. Forcé de reconnaître dans le monde une volonté supérieure à sa volonté, et une action plus forte que son action, le philosophe ancien l'avait appelée *destin :* la philosophie moderne l'appela *nature,* force occulte, aveugle, inflexible; et comme les anciens expliquaient tout avec les arrêts immuables du destin, les modernes répondirent à tout avec les forces de la *nature* et les lois de la *nature.* Cette nature fut pour eux à-la-fois la *cause,* le *moyen,* l'*effet;* créatrice et créée, ordonnatrice et ordonnée, active en même temps que passive; et tel fut le prodigieux affaiblissement des pensées humaines, que les uns voulurent faire entendre ces absurdités, et que d'autres crurent les comprendre.

Les philosophes modernes étaient, dans leurs erreurs, bien moins excusables que les philosophes

philosophes païens. Ceux-ci, placés plus près
de l'origine des choses, n'avaient ni un assez
grand nombre d'observations, ni des moyens
assez sûrs de les recueillir, pour se former une
idée distincte de l'ordre auquel les sociétés
obéissent même dans leurs révolutions, ainsi que
les astres dans les leurs; au lieu que les sages
modernes, venus à la fin des temps, et riches
de toutes les observations que l'histoire nous
a transmises, et que l'art de l'imprimerie nous
a conservées, pouvaient, en comparant les
temps anciens et les temps modernes, les sociétés païennes et les sociétés chrétiennes, la
faiblesse, l'ignorance, les vices des unes, la
force, les lumières, les vertus des autres, juger
des principes par les résultats, et en conclure
qu'il y a, dans les sociétés chrétiennes, un principe toujours agissant de perfection et de force,
autre que cette nature, aveugle et sans intelligence, dont on ne pouvait expliquer l'action
sans tomber dans de pitoyables contradictions.

Cependant J. J. Rousseau, qui, des opinions religieuses de son enfance, avait retenu
la croyance d'un Dieu et quelque idée de révélation divine, cherchait à concilier l'une et
l'autre avec le système de la nature alors en
vogue, et sur-tout avec la haine de toute autorité visible, dont il avait puisé le principe

B

dans les dogmes de la prétendue réforme. Il
admit Dieu comme cause, mais il rejeta l'intervention et le ministère de *tout être humain*,
et il dit : « Ce que Dieu veut que l'homme
» fasse, il ne le lui fait pas dire par un autre
» homme, il le lui dit lui-même, et l'écrit au
» fond de son cœur ». Mais il ne fesait que reculer la difficulté ; car si l'homme est *nécessité*
à lire ces lois, à les entendre et à les suivre, il
n'y a plus de libre arbitre dans l'homme, plus
de bien, plus de mal, plus de juste, plus d'injuste, plus de lois, plus de société, et l'homme
est la pierre qui gravite vers un centre. Si,
au contraire, l'homme peut négliger de lire
dans son cœur, se tromper en y lisant, ou dés-
obéir après avoir lu, il faut une autorité qui
le rende attentif ou docile à ces lois, et une
autorité qui les interprète ; et où l'homme pren-
dra-t-il la mission d'interpréter, pour l'homme,
des lois écrites par Dieu même au fond de son
cœur, ou de le forcer à les suivre ? Mais cette
écriture ne pouvait être matérielle ; elle était
donc intellectuelle, et alors, de quelque manière qu'on l'entende, J. J. Rousseau donnait
pleinement dans le système des *idées innées*,
dont les philosophes s'étaient tant moqués, et
jamais l'école ne les avait soutenues dans un
sens plus rigoureux.

Le parti dominant dans les sophistes modernes, ne s'accommodait pas des opinions
théistes de J. J. Rousseau, ni de l'origine,
toute confuse qu'elle était, qu'il donnait aux
lois naturelles; et même ce philosophe ne cessa
d'attribuer ses malheurs réels ou imaginaires
à la haine que lui portaient les athées. Mais
l'homme, corps aussi bien qu'esprit, ne peut
être gouverné avec de pures abstractions sans
aucune réalité : les apôtres du *naturalisme* furent obligés, pour se faire entendre, de réaliser
leur mot abstrait de *nature*, ainsi qu'ils avaient
réalisé le mot abstrait de *peuple* ; et comme ils
avaient vu le peuple tout entier dans les *sages*
qui lui donnaient des lois, ils virent la nature,
et toute la nature, dans les êtres sensibles et
matériels. Qu'on y prenne garde, tout culte
religieux n'est lui-même que la *réalisation* de
l'idée abstraite de la Divinité, qui, sans cette
réalité, s'effacerait bientôt de la pensée. Ainsi
le paganisme montrait ses dieux *présens et
réels*, dans ses nombreuses représentations...;
ainsi le christianisme montre la Divinité *réellement présente*.... Mais continuons.

Les animaux, les pierres, les plantes, tous
les corps qui existent dans l'espace, et ces corps
seuls, furent donc *la nature* ; et l'ordre de lois,
invariable dans chaque espèce et constant pour

toutes les espèces, auquel les corps sont soumis pour leur reproduction et leur conservation, fut encore la nature. On chercha, dans les lois naturelles de l'ordre physique, et particulièrement dans les lois du *règne* animal, la raison des fonctions même sociales de l'homme, et alors on vit s'introduire l'espèce de matérialisme le plus grossier et le plus abject, le système de l'*animalisme*, qui distingue l'époque actuelle, et qui fut l'application et la conséquence du système de *naturalisme* abstrait du baron d'Holbach et de son école (1). Alors, si j'ose le dire, il *fit nuit* dans la société; alors parurent les systèmes les plus ténébreux sur Dieu, sur l'homme, sur la société, sur le *pouvoir* et sur les *devoirs;* toute intelligence en fut obscurcie : *Animalis homo non percipit ea quæ sunt spiritus; stultitia enim est illi, et non potest intelligere* (2).

On avait défini l'homme, un *animal raisonnable,* en le considérant d'abord par les qualités physiques et les fonctions animales qui lui sont communes avec les brutes. C'est ainsi, à-peu-près, que le nègre appelle l'orang-outang,

---

(1) C'est de cette école qu'est sorti le *Systéme de la Nature.*

(2) Saint Paul, I. Ép. aux Corinthiens, ch. II, v. 14.

un homme qui ne parle pas. La philosophie s'est arrêtée à la moitié de ces définitions; elle a fait de l'homme un animal, et
du singe un homme, et elle ne désespère pas
qu'il n'apprenne un jour à raisonner. Elle a
même été plus loin dans les termes, et elle
a défini l'homme : « une *masse* organisée et
» sensible qui reçoit l'esprit de tout ce qui l'en-
» vironne, et de ses besoins (1) » ; définition
qui, dans le système des *animalistes*, peut
toute entière s'appliquer au chien, qui est aussi,
selon eux, *une masse organisée et sensible qui
reçoit l'esprit* de l'homme qui le dresse, *et de
ses besoins.*

L'homme, considéré par une vraie philosophie (2), *est une intelligence servie par des
organes ;* les brutes, au contraire, *sont des
organes mus par un instinct ;* et ces deux définitions expriment les êtres auxquels elles s'ap-
pliquent par le trait caractéristique et essentiel

---

(1) Cette définition est de M. de St.-Lambert, dans son
Catéchisme de Morale philosophique, en cinq volumes,
aussi erroné que son Poëme des Saisons est gracieux et
brillant.

(2) *Anima per se*, dit Stahl, *nihil agere potest et sine
corporeorum organorum ministerio.... Anima per sen-
soria organa activè excubias agit.*

de leur nature : l'homme, par la volonté qui dirige ses actions; la brute, par la nécessité qui détermine ses mouvemens. Et quelle comparaison, en effet, pouvait-on établir entre l'être qui fait servir tous les autres êtres, et même les animaux, de ministres à sa volonté, et d'instrumens à son action, et des êtres qui ne sont obéis d'aucun être, parce qu'ils n'en sont pas entendus, et qui agissent sans instrument ou sans moyen, sans intermédiaire sur les êtres nécessaires à leur conservation? car c'est là la différence essentielle de l'homme et de la brute. L'homme n'*agit* jamais sans *moyen* ou *médiateur* entre sa volonté et l'action qui en résulte, parce que l'homme saisit le rapport qu'il y a de lui au moyen qu'il emploie, et du moyen à l'effet qu'il veut obtenir, Ainsi l'homme pense le rapport qu'il y a de lui à la charrue qu'il fait mouvoir; le rapport des différentes parties de la charrue entre elles; le rapport de lui aux chevaux qu'il dirige, et des chevaux à la charrue qu'ils traînent; enfin, le rapport de tout cet appareil à la terre qu'il cultive, et au blé qui doit en provenir, etc. etc.; et c'est précisément dans cette perception de rapports que consiste l'intelligence. La brute, au contraire, ou n'emploie aucun *moyen*, ou si elle en emploie quelqu'un, comme le nid

que font les oiseaux pour déposer leurs œufs,
l'invariable uniformité de ce petit édifice dans
chaque espèce, prouve assez qu'aucune intelligence propre à chaque individu n'en est l'ar-
chitecte. La bête ne pense donc aucun rapport;
donc elle n'a aucune intelligence. Le chat le
plus rusé s'avise-t-il jamais de fermer le trou
par lequel la souris lui est cent fois échappée ?
Le castor, éternellement pris par le chasseur
à l'issue de sa cabane aquatique, en a-t-il jamais varié la construction ? L'homme, au contraire, découvre sans cesse de nouveaux rapports, imagine, emploie de nouveaux moyens,
étend, perfectionne son action par eux et avec
eux; et aujourd'hui un faible enfant peut, en
pressant une détente, abattre ces colosses d'a-
nimaux dont la vue nous confond, ou en ap-
prochant un charbon d'une traînée de poudre,
faire voler une montagne en éclats, ou anéantir
en un clin-d'œil un vaste édifice. Heureux
l'homme, s'il n'employait son industrie que
pour son bonheur et l'avancement de la société !

Cette faculté merveilleuse de l'industrie,
nos philosophes, forcés de la reconnaître, n'en
firent pas honneur à l'intelligence de l'homme,
mais à ses organes. L'ordre admirable qui régnait dans cette maison, ils l'attribuèrent au

B 4

service des valets, et non à la sagesse du maître. Helvétius trouva dans la conformation
de la main de l'homme, la raison de la différence qu'il ne pouvait s'empêcher d'apper-
cevoir entre ses actions et les mouvemens de
la brute. Il ne fit pas attention que l'homme
n'est pas intelligent, parce qu'il est industrieux, mais qu'il est industrieux, parce qu'il
est intelligent ; qu'il n'est pas, comme dit Aris-
tote, supérieur aux animaux parce qu'il a une
main, mais qu'il a une main parce qu'il est supérieur aux animaux (*De part. Anim.*, lib. III,
cap. 10.); que son industrie est fille de son
intelligence, comme son action est fille de sa
volonté; et que la main de l'homme, toute
admirable qu'elle est dans sa conformation,
dénuée des instrumens que l'intelligence lui
fournit, est moins adroite au fond, et sur-tout
moins forte que la trompe de l'éléphant.

Et remarquez qu'en même temps qu'Helvétius mettait toute notre intelligence dans la
conformation de notre main, Condillac mettait
toutes nos connaissances acquises, ou peu s'en
faut, dans la perfection de notre tact, dont il
fesait, on ne sait pourquoi, le sens régulateur
de tous les autres sens.

Quoi qu'il en soit, l'homme ne fut plus qu'un
animal un peu mieux conformé. Les uns ne

donnèrent à la brute et à l'homme, que des
sens et des sensations ; les autres donnèrent
à l'homme, comme à la brute, une intelligence
de la même espèce. On en mesura même
les divers degrés dans les différens animaux,
l'homme compris, par les différens degrés d'a-
cuité de *l'angle facial*, invention heureuse de
nos modernes physiologistes; et l'on ne vit pas
qu'il y a intelligence dans l'homme même le
plus borné qui rapproche deux morceaux de
bois pour faire du feu, et qu'il n'y a nulle intelligence dans ce chien si bien dressé qui va
chercher au fond de l'eau la pierre que j'y ai
jetée, et que moi-même je ne reconnais plus,
et qui, sensible aux intempéries de l'air, ne
sait de lui-même prendre hors de lui aucun
moyen de s'en garantir.

Aussi, l'on doit remarquer que les philosophes, tels que Descartes et ses disciples, qui
donnent le plus à l'intelligence humaine, et
même des idées innées, font des brutes de
pures machines; et que ceux qui donnent l'intelligence aux brutes, comme Condillac et autres, et même des idées générales, refusent le
plus à l'intelligence humaine, la rendent toute
entière dépendante des sens, et font, ou peu
s'en faut, *l'homme-machine* ou *statue :* différence totale dans les opinions, qui caractérise

parfaitement le siècle de l'esprit et le siècle
de la matière.

Les mêmes philosophes qui avaient cherché dans quelques conformités physiques de
l'homme avec les animaux la raison de nos habitudes individuelles , crurent y trouver la raison de nos fonctions sociales.

Ils remarquèrent que les brutes n'étaient
mues que par le sentiment de la douleur ou
l'appétit du plaisir , et aussitôt ils établirent en
principe , que l'homme ne pouvait être déterminé que par son intérêt personnel , qu'ils
fesaient consister à rechercher le plaisir , et à
fuir la douleur.

Avec un peu de réflexion, cependant, on aurait observé que dans les courts intervalles de sa
vie, où il a une destination relative à ses semblables , comme la femelle et quelquefois le mâle
dans le temps de l'incubation et de l'allaitement,
l'animal , loin d'être mu par la sensation individuelle de la douleur ou du plaisir , déterminé
alors par un autre principe, néglige jusqu'au soin
de sa propre conservation , et souffre la douleur
souvent la mort pour défendre ses petits , même
dans les espèces les plus faibles et les plus timi-
des. De là l'on aurait conclu que l'homme, qui ne
se dévoue pas au service des autres hommes,
même de ses propres enfans, par aucun instinct

involontaire ou mouvement indélibéré, ne peut le faire que par une volonté libre et éclairée ; que par conséquent ce qui est pour la brute une nécessité passagère, devient pour l'homme un devoir habituel ; et que si l'amour de soi détermine la volonté de l'homme dans les actions individuelles qui n'ont pour objet que sa propre satisfaction, l'amour des autres peut seul déterminer sa volonté aux actions sociales dont les autres sont le sujet. Et qu'on ne subtilise pas au point de dire que l'amour des autres n'est, dans ce cas, que l'amour de soi bien entendu ; car alors on ne dispute que sur les mots, comme l'observe D. Hume ; et je demanderai qu'on me fasse comprendre quel intérêt personnel peut trouver l'homme à se dévouer au service des autres dans des fonctions obscures, ingrates et périlleuses, lorsqu'on ne suppose à son dévouement aucun motif pris dans l'amour des autres ; sacrifice de soi aux autres qu'un être supérieur à l'homme peut seul lui commander, parce que seul il peut en inspirer la force, et en décerner le prix.

Cette disposition à ne voir dans l'homme qu'un animal déterminé par des lois animales, a conduit nos philosophes à ne connaître de devoirs que dans l'accomplissement des lois

animales, ni de vertu que dans l'accomplissement de ces devoirs. Je m'explique.

L'homme a reçu, comme la brute, la faculté
de se reproduire dans un être semblable à lui;
mais cette faculté, *nécessitée* dans la brute et
à jour marqué, est purement volontaire dans
l'homme. Les sophistes ont prétendu qu'elle
y était *nécessaire*, et il n'a plus été question
que de besoins involontaires et d'attraits irré-
sistibles, sur lesquels on a fait beaucoup de
mauvais romans, et encore plus de mauvaise
philosophie. Quand l'union des sexes a été un
devoir, le vœu sublime de se consacrer tout
entier et sans distraction, au service des autres
et de ne connaître de famille que la société
publique; ce vœu de célibat que pratique,
sans le former, la plus belle jeunesse d'une
nation que le service de la société retient sous
les drapeaux, n'a plus été regardé que comme
un crime de lèse-nature, un outrage à ses lois,
un délit enfin contre Dieu, contre l'homme et
contre la société.

La femme, comme la femelle des animaux,
a la faculté d'allaiter son enfant; mais cette
faculté nécessitée dans l'animal, qui ne peut
pas se faire remplacer par d'autres, est dans
la femme purement volontaire; et ce devoir,
car il peut en être un, est soumis à une foule

de circonstances qui en modifient l'obligation. J. J. Rousseau emboucha la trompette,
et l'on eût dit que jusqu'à lui, toutes les
femmes avaient été des mères dénaturées, et
tous les enfans de malheureux orphelins. Dans
la ferveur de son zèle philosophique, cet
homme si *sensible* n'examina pas si les causes
morales qui développent la sensibilité de
l'homme, nulles chez l'animal, ne pouvaient
pas vicier le lait de la mère, dans ces conditions sur-tout, où l'homme, moins occupé de
travaux domestiques que de soins publics, et
de besoins que de sentimens, plus exposé aux
peines de la vie, parce qu'il en goûte plus
les douceurs, a le cœur plus faible aux affections douloureuses et l'ame plus ouverte aux
funestes impressions des passions ; et J. J.
Rousseau, de *par la nature*, fit un devoir à
toutes les mères de nourrir elles-mêmes leurs
enfans, comme les femelles des animaux, et
par la même raison. Peut-être même il crut
avoir pris en défaut la religion, qui, se con-
tentant d'inspirer aux femmes des desirs mo-
dérés, et de les défendre de toute affection
étrangère par le devoir qu'elle leur fait d'une
vie modeste et occupée, les place naturellement dans une situation, où l'allaitement de
leurs enfans est sans contrariété pour elles et

sans danger pour eux ; et qui peut-être, por-
tant ses vues plus loin , craint , dans certaines
conditions, tout ce qui peut servir à de jeunes
époux , de cause ou de prétexte à vivre séparés , même momentanément. Il est vrai que
J. J. Rousseau parle , et même éloquemment,
des devoirs domestiques , et déclame contre
les arts , et même , car il outre tout , contre
les sciences ; mais en même temps , tel est le
désordre des idées que la religion n'ordonne
pas , il fesait des opéras et des romans , et
de tous les romans, celui qui a le plus égaré
l'imagination des femmes et corrompu leurs
cœurs. Quoi qu'il en soit , à force d'entendre
parler de l'allaitement comme d'un devoir ,
les femmes en firent une mode , favorable à
la beauté , comme elle l'avait été aux déclamations du sophiste ; et des mères amollies
ou passionnées qui , en sacrifiant à la mode,
ne voulaient rien prendre sur leurs plaisirs ,
pas même sur leurs désordres , transmirent à
leurs enfans, avec leur lait, leur épuisement
ou l'âcreté de leur sang , et leur préparèrent
une mort prématurée ou une vie languissante.
Des races utiles et respectées en furent éteintes
ou affaiblies. Beaucoup de mères périrent
victimes de leur goût pour la nouveauté bien
plus que de leurs devoirs, et plus d'une femme,

forcée de renfermer sa douleur, empoisonna son fils, parce qu'elle avait perdu son amant.

L'inconvénient de cette confusion d'idées et de devoirs est sensible. On ne doit à l'être physique qu'en considération de l'être moral; et le devoir de l'allaitement peut être suppléé, pour l'homme, même par l'animal. Mais les devoirs envers l'être moral, ces devoirs, dont la philosophie peut bien parler dans ses déclamations fastueuses, mais dont la religion seule inspire la volonté et donné le courage, sont des devoirs absolus, indépendans des temps, des hommes et des lieux, et des devoirs dont rien ne dispense. Or, la philosophie affaiblissait tous les jours le respect pour la religion; et les femmes qu'elle infatuait de sa doctrine, fières de remplir le devoir facile de donner leur sein à un enfant bien *atourné*, étaient bien éloignées de se dévouer au devoir obscur et pénible de sacrifier leur temps à son instruction, et leurs goûts au bon exemple qu'elles lui devaient.

Les pères et les mères, considérés par la philosophie comme des mâles et des femelles, ne considérèrent leurs enfans que comme leurs petits. Des affections que la raison ne dirigea plus, et une éducation domestique, molle et sans dignité, prirent la place de ces relations

d'autorité et de soumission, entre les enfans
et leurs parens , dont la génération qui finit
a vu, dans son jeune âge, les dernières traces.
Des enfans qui avaient dans l'esprit des idées
d'égalité avec leurs parens , et dans le cœur
des sentimens d'insubordination à leurs volontés, se permirent, en leur parlant, le tutoie-
ment qui, dans notre langue, adressé à l'homme,
exprime la familiarité ou le mépris ; et les
parens qui avaient la conscience de leur faiblesse, n'osant pas être les maîtres, aspirèrent
à être les *amis*, les *confidens*, trop souvent
les complices de leurs enfans. Il y eut en
France des pères, des mères , des enfans ;
mais il n'y eut plus de *pouvoir* dans la famille,
plus de *ministre*, plus de *sujets*, plus de société domestique, et la société politique en fut
ébranlée jusque dans ses fondemens.

Tout devint faible dans les affections humaines, et sur-tout la douleur. Des hommes qui
ne se voyaient que par les sens, crurent tout
perdu quand ils cessèrent de se voir. La douleur fut immodérée , et par conséquent fas-
tueuse et peu durable : plus d'un veuvage
commença par des résolutions de suicide, qui
finit, et même trop tôt, par de secondes
noces. Je ne sais quelle douleur païenne,
s'attachant à de vains restes d'une personne
chérie,

chérie, remplaça chez des chrétiens ces douleurs profondes, mais pleines d'une consolation d'immortalité, que la religion entretient,
même par ses pratiques. On joua, pour ainsi
dire, avec la mort; on la porta en collier et
en bracelets; elle fit parure, elle fut meuble (1) :
et quelquefois un époux, dans ses hypocrites
douleurs, fit embaumer le cœur qu'il avait pro-
fondément blessé.

Ce matérialisme universel, cette disposition à voir tout dans l'homme et dans la société,
sous le rapport des sens, passait de la société
domestique dans la société publique, et y
fesait les mêmes ravages.

Si l'homme ne vivait que d'une existence
physique, on lui ôtait tout, absolument tout,
en l'en privant ; la mort physique était un
malheur sans compensation, et loin d'être le
remède à aucun mal, elle était elle-même
le plus grand des maux. La justice humaine
n'avoit donc pas le droit de condamner à
mort, même l'assassin et le parricide, ni de

---

(1) Nous avons vu proposer de faire des ustensiles de
verre ou de porcelaine de la cendre de ses parens; et une
ordonnance de police à permis, il y a peu d'années, à une
mère, de faire brûler le corps de sa fille, et de recueillir
ses cendres, à la manière des Païens.

C

réparer un mal par un mal aussi grand ; et la philosophie proposa par-tout et effectua, dans quelques Etats, l'abolition de la peine de mort, premier moyen de conservation de la société. Non seulement l'autorité publique ne pouvait pas infliger la peine de mort aux citoyens, mais elle devoit avant tout embellir leur vie : et l'on vit les gouvernemens, comme transportés par une manie soudaine de *philantropie*, car c'est le mot consacré, ne rêver qu'argent pour eux, et commerce pour leurs sujets ; mettre la vertu dans le goût des arts, la force dans la population, la richesse dans le numéraire, le bonheur dans les plaisirs ; négliger l'instruction publique, et sur-tout celle de l'exemple ; détruire des établissemens religieux pour établir des fabriques et des théâtres, et croire remplir tous leurs devoirs envers leurs peuples, en leur donnant *du pain et des spectacles*.

Le goût des jouissances purement domestiques l'emportait sur l'honneur d'exercer des fonctions publiques. Graces à ces doctrines abjectes, les magistrats civils et militaires, des ministres de la religion et de l'Etat, les chefs eux-mêmes *se croyaient des abus*, dont ils attendaient, dont ils provoquaient la réformation. Chacun voulait être dans ses terres, sur ses livres, avec ses amis, occupé de ses affaires, et plus encore de ses plaisirs. La vie publique n'était qu'un esclavage ; on ne *jouissait* que dans la vie privée. L'Etat n'était plus considéré que comme une mine à exploiter ; ce n'était plus à force d'honneur, mais à force d'argent, qu'il pouvait se faire servir ; semblables à ces maîtres décriés, qui ne trouvent des serviteurs qu'en donnant de plus forts gages.

Les sciences qu'on appelle *naturelles*, et qui seraient beaucoup mieux nommées *matérielles*, parce qu'elles ont pour objet les rapports entre les corps, prenaient le pas sur les sciences sociales et intellectuelles ; théologie, morale, politique, jurisprudence, qui traitent des rapports entre les êtres intelligens : et par la même raison, les arts mécaniques, les arts de l'homme physique, étaient cultivés avec plus de goût et de succès que les arts de l'esprit, l'éloquence et la poésie, expression la plus noble de l'être pensant. Nos grands poètes du dernier siècle, ou ceux du nôtre, qui appartiennent encore à cette époque mémorable de l'esprit humain, avaient marché à la lumière que de profonds penseurs, leurs contemporains, avaient répandue sur la nature de Dieu et de l'homme, et sur leurs rapports ;

et ils avaient exprimé avec une perfection inimitable , l'homme , ses devoirs , ses vertus et
ses passions. Dans notre siècle où une triste
idéologie, qui n'est qu'un chapitre de la science
de l'homme , substituée à la haute et intellectuelle métaphysique de Platon , de Saint
Augustin , de Descartes , de Malebranche,
de Fénélon , de Leibnitz , a fait toutes nos
idées avec nos sensations , et où les sciences
physiques ont été presque exclusivement cul-
tivées , la poésie a pris le même caractère.
Elle a réussi à peindre les sens et la matière ;
le genre badin , voluptueux et même ob-
scène , ou *géorgique* et descriptif , l'a emporté
sur le genre lyrique et dramatique ; et sous
ce rapport , Voltaire dans son fameux poëme,
Bernard , Dorat , Roucher , Saint-Lambert et
Delille , sont fils de leur siècle , comme Cor-
neille , les deux Racine , Jean-Baptiste Rousseau l'étaient du leur.

C'est à ce même principe qu'il faut rappor-
ter la tendance sensible, dans les ouvrages d'esprit de notre temps , à descendre de l'imitation
de la nature noble et publique , à l'imitation
de la nature domestique et familière. La tragédie héroïque , la haute comédie, le grand opéra, commencèrent en France sous Louis XIV; le
drame, sorte de tragédie bourgeoise, les vaude-

villes, les opéra bouffons, sont des inventions de
notre temps ; et déjà nous avons vu la comédie
attaquant non plus les ridicules ou les vices,
mais les personnes même, revenir à la licence
satyrique des pièces d'Aristophane. Dans les arts
d'imagination, le même caractère s'est fait remarquer : l'architecture du siècle de Louis XIV
s'occupait davantage de la décoration extérieure, celle de notre siècle des distributions
intérieures et domestiques ; la nature agreste
et brute des jardins anglais a remplacé la ma-
gnifique symétrie des dessins de *Le Nôtre* :
l'école de le Brun peignoit l'homme public
occupé d'actions religieuses ou politiques ; l'é-
cole moderne peint l'homme domestique, même
en état sauvage ou de nudité ; et en tout une
extrême facilité de mœurs, si dangereuse chez
un peuple avancé, a chassé la contrainte austère et gênante des mœurs de nos pères. C'est
sur-tout dans les romans, expression nécessaire des temps auxquels ils sont écrits, qu'on
remarque la différence des deux époques. Dans
un temps, c'étaient de grands personnages et
de beaux sentimens ; dans le nôtre, ce sont des
personnages obscurs et de petites passions.
Les uns ne parlent que de tendresse à immoler
au devoir ; les autres que de plaisirs à préfé-
rer à tout : ceux-là racontent des entreprises,

des aventures ; ceux-ci des intrigues , et même
lorsqu'ils ne parlent que d'amour , dans les
premiers ; c'est le cœur d'une dame à obtenir ;
dans les derniers , c'est, tout à découvert, une
femme à séduire ; et *Clarisse* ne passe , avec
raison, pour le meilleur roman de notre temps,
que parce qu'il est l'expression fidèle de nos
mœurs ; car un livre suffit pour peindre un
siècle.

De ces opinions qui font de l'homme un
végétal pour la vie, un animal pour les fonctions , suivait, comme une conséquence inévitable , la doctrine célèbre de l'influence des
climats sur nos habitudes et sur nos devoirs.
On voulut tout expliquer dans l'homme et
dans la société , avec cette influence des climats , combattue même par des philosophes
modernes, entre autres par D. Hume , et démentie par la raison et par l'histoire (1). On

---

(1) Les anciens rhéteurs avaient fait les *loci communes*
de l'éloquence ; on pourrait faire les *lieux communs* de la
philosophie , à l'usage des jeunes philosophes. L'influence
des climats , la prodigieuse antiquité du monde , l'état de
pure nature , la balance des pouvoirs , les bienfaits du commerce , etc. etc. , et puis les croisades, l'expulsion des
Maures d'Espagne , les entreprises des papes , et tant d'autres choses dont on ferait un gros livre qui servirait mer-
veilleusement à en faire de petits.

n'eut aucun égard à l'influence bien autrement puissante, et la seule décisive, des institutions politiques et religieuses qui modifient l'homme, et peuvent changer jusqu'à sa constitution physique ; et l'on ne vit pas que les connaissances qui suivent la civilisation, nées en Orient avec la religion et avec l'homme lui-même, s'étaient répandues, de proche en proche, par les Juifs dans l'ancien monde, par les chrétiens dans le monde moderne, et toujours par le *peuple de Dieu ;* et que les grandes conquêtes qui précèdent la civilisation, ont indifféremment ravagé le nord et le midi, partout où des peuples amollis ont offert une proie facile à des nations simples et pauvres.

Ce sont d'autres pensées que la religion inspire à l'homme, un autre caractère qu'elle donne à la société. La religion met l'ordre dans l'esprit de l'homme, en lui enseignant une cause universelle aux effets universels ou à l'univers : cause essentiellement parfaite, puisqu'elle est souverainement puissante, tandis que l'homme est originellement imparfait ; et elle ne nous dit rien qu'une raison éclairée n'avoue de Dieu, et qu'une expérience funeste et journalière ne nous apprenne de l'homme.

Si Dieu est bon, si l'homme est enclin au mal (car Dieu lui-même ne pouvait pas faire

C 4

l'ouvrage aussi parfait que l'ouvrier), c'est une
nécessité que Dieu ait donné à l'homme des
moyens de se préserver de l'effet de sa malice,
et j'apperçois le motif des lois et la raison de
la société. Mais quand ma raison saisit avec
évidence *le pourquoi* des lois que Dieu a données aux hommes, mon imagination, qui s'é-
gare, veut pénétrer *le comment* de cette transmission, et elle cherche des *images* là où il
ne faut que des *idées*. Ces lois divines sont
des lois fondamentales, primitives, dont toutes
les lois humaines et subséquentes doivent être
des conséquences plus ou moins immédiates (1),
mais toujours naturelles; et le législateur humain doit déclarer ou promulguer les lois, et
non en inventer. Cette législation divine et
naturelle, hors de laquelle il n'y a que malheur pour l'homme, et désordre pour la société, ne se développe jamais mieux que là où
les hommes se livrant à la marche du temps et
au cours irrésistible des choses, ne le troublent
point par leur opération précipitée; et c'est ce
qui fesait que parmi les nations chrétiennes,
celle qui n'avait presque aucune loi politique
écrite et aucun législateur connu, était la plus

_____

(1) Voyez la *Législation primitive.*

forte, la plus spirituelle, la meilleure, enfin,
et la mieux constituée de l'Europe.

La religion met l'ordre dans la société, parce
qu'elle donne aux hommes la raison du pouvoir
et des devoirs. Le chef de la société, qui connaît la source de son pouvoir, l'exerce avec
confiance et par conséquent avec force, et
comme Dieu, dont il procède, il ne connaît de
bonté que la justice; et le sujet, certain du
motif de ses devoirs, obéit sans murmure et
même avec joie. Mais cette religion qu'on ac-
cuse de favoriser la tyrannie, et qui est le
principe de toute véritable liberté, met des
bornes au pouvoir en en mettant au devoir.
Elle apprend aux chefs qu'ils ne peuvent pas
tout, parce que les sujets ne leur doivent pas
tout; et en même temps qu'elle ordonne l'o-
béissance *active*, que la société politique exige
également de tous ses ministres, elle commande la résistance *passive* et par conséquent
insurmontable, toutes les fois que le pouvoir
humain est en contradiction évidente avec le
pouvoir divin, parce qu'alors il n'est plus pouvoir, mais passion ou impuissance, *impotentia;*
au lieu que la philosophie, qui commande une
obéissance passive à ses lois, ou plutôt à ses
ordres, fait un devoir de la résistance active
ou de l'insurrection.

Aussi la religion, qui place Dieu à la tête de la société, donne à l'homme une haute idée de la dignité humaine, et un profond senti- ment d'indépendance des hommes; et la phi- losophie, qui va cherchant par-tout des hommes qui s'élèvent au-dessus des autres pour leur donner des lois, rampe toujours aux pieds de quelque idole. en Asie, aux pieds de Maho- met; en Europe, aux pieds de Luther, de J. J. Rousseau, de Voltaire; et rejetant le Dieu de l'univers, se fait des dieux de tous les hommes en qui elle reconnaît des talens et retrouve ses opinions.

C'est parce que la religion renferme essen- tiellement les principes de tout *ordre*, que lors- que des hommes nés avec de grands talens pour le gouvernement que la religion ne donne pas, ont été animés de son esprit ou accoutumés à ses pratiques, ils ont administré les États avec force et sagesse; témoins Suger, Ximenès, Sixte V, Richelieu : et même l'on peut remar- quer que les plus forts ont été ceux qui avaient puisé dans les institutions monastiques l'habi- tude d'une règle austère et d'une obéissance ponctuelle.

Je sais que la philosophie oppose à ces grands noms un roi philosophe de ces derniers temps. Je ne conteste pas ses talens militaires et l'éclat

qu'il a répandu sur son règne; mais le peuple
qu'il a formé n'a pas encore passé par l'épreuve
du temps et du malheur. C'est aux événemens
à nous apprendre si la force d'un État est dans
ses armées ou dans ses principes, et si, à talens
égaux dans le chef, il y aurait autant de force
conservatrice et défensive dans cette monarchie, que dans quelques autres États de l'Europe.

Tout, dans le systême de la religion chrétienne, est naturel à la pensée de l'homme,
parce que tout y est semblable à son action.
Si l'homme voit dans l'univers une cause suprême ou pouvoir universel qui a voulu tout
ce qui existe, un ministre, moyen ou *médiateur*
universel par qui tout a été fait, et des effets
universels *sujets* à cette grande action que l'on
appelle l'*univers*; s'il aperçoit des lois générales, et un ordre universel, général, immuable de peines et de récompenses; il se
voit lui-même cause de beaucoup d'effets, et
pouvoir (domestique ou public) agissant par
ses ministres, sur ses sujets et pour ses sujets;
il voit un ordre particulier, des lois, des peines,
des récompenses, etc. Si sa raison lui dit que
Dieu est bon, sa conscience lui dit qu'il peut le
devenir, et il en trouve le moyen, pour sa
volonté, dans les leçons que la religion lui

donne; pour son action, dans les exemples qu'elle met sous ses yeux; car, lorsque de grands devoirs lui commandent les plus grands sacrifices, et même celui de la vie, *écoute*, lui dit la philosophie, *regarde*, lui dit la religion. *Aspice et fac secundum exemplar.*

C'est parce que la religion chrétienne est conforme à l'ordre des rapports naturels entre les êtres, et par conséquent aussi naturelle à notre raison qu'elle est opposée à nos penchans, qu'elle s'établit avec facilité chez les peuples dont elle commence l'éducation, et qui, encore dans leur ignorance native, n'opposent pas à sa doctrine un esprit préoccupé par l'erreur. Ces peuples entrent naturellement dans la route de la civilisation qu'elle leur ouvre, et leur bon sens leur fait trouver entre l'ordre invisible dont on leur parle, et l'ordre visible dont ils sont les agens, cette parfaite analogie (1) qui est le sceau des ouvrages d'une intelligence infinie, agissant par une puissance infinie, la règle la plus certaine de nos jugemens, et le principe le plus fixe de nos actions; en sorte qu'on peut dire, avec une entière vérité, qu'il n'y a rien de plus surnaturel

----

(1) Condillac en veut beaucoup aux preuves qui se déduisent de l'analogie.

à l'homme et de plus naturel, tout ensemble, que la religion.

Au contraire, la philosophie moderne, qui suppose tant d'effets sans cause, et de sujets sans pouvoir, ou même en Dieu une volonté sans action, l'homme naturellement bon, et cependant se donnant des lois pour le devenir, la femme égale au mari, l'enfant au père, le sujet au pouvoir, bouleverse l'ordre dans nos pensées comme dans nos actions, dérègle l'homme, trouble la société, et fait des hommes sans raison, même avec beaucoup d'esprit, comme elle fait des sociétés sans stabilité, même avec beaucoup de forces extérieures.

Ainsi, toutes les doctrines relatives à la société se partagent en deux opinions diamétralement opposées.

La religion chrétienne nous enseigne que l'homme naît enclin au mal, et qu'il trouve, dans la société, la loi qui redresse ses penchans.

La philosophie moderne nous enseigne « que » l'homme est né bon, et que la société le dé- » prave ».

L'une, qui juge nos penchans déréglés, nous donne des lois qui les combattent.

L'autre, qui juge nos inclinations bonnes, nous donne des lois qui les favorisent.

L'une , qui croit l'homme originellement
déréglé, prend hors de l'homme la règle de
ses penchans , et , par conséquent, le motif
de ses devoirs et le prix de ses vertus.

L'autre, qui croit l'homme originellement
bon, ne sort pas de l'homme pour trouver la
règle de ses devoirs, qu'elle place dans ses
sensations (1); et, par conséquent, elle fait
de la vertu un bien-être physique, et du
vice un mal-aise, une douleur; et elle n'a ni
consolation à offrir au juste qui souffre, ni
frein à opposer au méchant dans la prospé-
rité (2).

---

(1) Cette doctrine des sensations n'est pas de ce siècle, et
déjà Jurieu avait dit, *Syst.* p. 453 : «Qu'on sent la vérité
» dans les livres divins, comme on sent la lumière quand
» on la voit, la chaleur quand on est auprès du feu, le
» doux et l'amer quand on mange». Ce principe conduit
à toute sorte de fanatisme.

(2) Th. Hobbes a jugé l'homme originellement mauvais,
et il a cherché dans les passions des hommes le motif de la
société; mais il s'est égaré, lorsqu'il a cru trouver le remède au mal dans le mal même, la raison des lois dans
la violence, et par conséquent le juste ou l'injuste dans la
permission ou la défense faite par les hommes. C'est ce
qui fait dire à Leibnitz : « Il y a dans Hobbes , et en
» abondance, des vérités d'une grande profondeur, mê-
» lées à des erreurs de la plus dangereuse conséquence ».

Luther a fait l'homme mauvais, mais si mauvais, qu'il

Mais la religion triomphera , « parce que
» l'ordre, comme dit Malebranche, est la loi invio-
» lable des esprits » , et que les êtres, dans l'ordre
intellectuel comme dans l'ordre sensible , tôt
ou tard obéissent à leurs lois. Déjà nous voyons
en Europe tous les hommes de lettres juste-
ment célèbres par leur esprit et leurs connaissances, avouer ou défendre la nécessité de
la religion chrétienne , et marquer leurs ouvrages du sceau de son immortalité; car, que
les écrivains y prennent garde : tous les ouvrages où les principes de l'ordre seront niés ou
combattus , disparaîtront de la mémoire des
hommes , quelque bruit qu'ils aient pu faire

---

n'a pas même la faculté de devenir bon, et qu'il est bon
de la seule bonté de Dieu , et sans aucune action de sa
part. Mais s'il n'a pas la force d'acquérir, il n'a pas la ca-
pacité de perdre, et le dogme de la *justice imputative* a
nécessité celui de la *justice inamissible*. En sorte que les
uns veulent que l'homme naisse bon, et les autres qu'une
fois bon, il ne puisse devenir mauvais. Je remarque avec
plaisir, que M. Kant, dont la philosophie fait tant de
bruit en Allemage, se rapproche des dogmes du christianisme, et qu'il reconnaît « une sujétion de la loi morale au
» principe de l'amour-propre, qui est l'antique peché de
» l'homme duquel dérive la totalité de ses mauvaises ac-
» tions subséquentes..... mal qui doit être exprimé sous
» le nom de *faute originelle* ». Notice littéraire sur M. Ém-
manuel Kant, tirée du Spectateur du Nord.

parmi les contemporains ; et il n'y aura que
ceux où ils seront défendus ou respectés, qui
passeront avec gloire à la postérité, et quelquefois mériteront l'honneur, le plus grand de tous,
d'être comptés parmi les livres classiques qui
servent à former l'homme pour la société.
C'est une belle remarque du *Quintilien* de
notre siècle, que, de tous les ouvrages de
notre littérature, les plus distingués par un
grand caractère d'invention et de style, sont,
dans tous les genres, ceux que la religion a
marqués de son empreinte ; parce que la parole
étant l'expression et l'image de la pensée, la
plus grande vérité dans les idées produit naturellement la plus haute perfection dans le
discours.

Je finirai par dire un mot du sujet particulier de cet ouvrage, et sans doute on ne
trouvera pas que je m'en suis écarté dans ce
discours préliminaire ; car j'ai dû prouver que
la religion est conforme à la raison, puisqu'en
discutant la loi du divorce, j'établis qu'il n'est
contraire à la religion, que parce qu'il est opposé à la raison.

Dans le cours de cet écrit, j'ai raisonné dans
la supposition que la démocratie, qui peut
convenir à une municipalité qui existe sous la
protection d'un grand Etat, à Pontoise comme
au

au canton de *Zug*, ne peut subsister dans une grande société. Cette vérité n'est plus combattue, même par l'orgueil, et ne l'est tout au plus que par l'intérêt. Je dis la démocratie, et je n'ai pas besoin d'expliquer cette expression ; car le mot *République*, dont j'ai souvent fait usage, ne désigne par lui-même aucune forme particulière de gouvernement, et il est synonyme d'Etat public et de société politique. C'est dans ce sens général que les bons auteurs du siècle dernier l'ont employé, M. Bossuet en mille endroits, et la Fontaine, lorsqu'il dit :

« Dans les emplois de Mars, servant la République ».

J. J. Rousseau lui-même, dans le *Contrat social*, applique, et à dessein, cette dénomination, indifféremment à toutes les formes de gouvernement, et il dit quelque part « que » la monarchie elle-même peut être une ré-» publique. »

Fortement persuadé que le divorce, décrété en France, ferait son malheur et celui de l'Europe, parce que la France a reçu de mille circonstances natives ou acquises, le pouvoir de gouverner l'Europe par sa force et par ses lumières, et par conséquent le devoir de l'édifier par ses exemples ; et certain que

D

le divorce nous est venu de la même inspiration étrangère qui , à la même époque, dicta à la France tant d'autres lois désastreuses, j'ai dû en combattre le projet par tous les moyens tirés de la société domestique ou publique , que me fournissait ma cause, et exposer toutes les vérités qui pouvaient la faire triompher. La vérité est toujours utile à la société , quoi qu'aient pu dire des sophistes qui voient la vérité dans leurs imaginations , puisque la société ne périt jamais que faute de la connaître ; et c'est ce qui fait que le crime de la retenir captive , est aussi grand peut-être que celui de la persécuter. Mais la vérité , qui n'est que la connaissance des rapports naturels entre les êtres , est vraie *généralement*, et indépendamment des temps, des hommes et des circonstances ; et la raison , qui ne peut se proposer que d'être utile à la société en faisant connaître aux hommes la vérité, se tient, le plus qu'elle peut, dans les hauteurs des *généralités* , où la vérité absolue, essentielle, est pure et sans mélange comme le principe d'où elle émane ; car elle ne pourrait en descendre sans entrer dans la *moyenne région* des considérations particulières , où les passions des hommes forment les nuages qui l'obscurcissent et les foudres qui l'écrasent.

J'espère donc qu'on retrouvera dans ce petit écrit, sur un sujet important, un ardent amour pour la vérité, joint à l'attention qu'elle-même commande de ne pas lui susciter des obstacles pour aucun motif personnel d'intérêt ou de vanité. Ceux qui souffrent par la société, ne doivent souffrir que pour elle ; maîtresse jalouse, elle ne tient aucun compte à ses amis des peines les plus extrêmes qu'ils n'endurent que pour eux, ou des travaux même les plus glorieux dont elle n'est pas l'unique objet : et la raison elle-même condamne ces hommes dont parle Tacite, « qui ne travaillant » que pour leur renommée, ont cherché une » mort ambitieuse dans d'audacieuses entre- » prises, sans utilité pour la chose publique » : *Qui plerique per abrupta, sed in nullum reipublicæ usum, ambitiosâ morte inclaruerunt.*

DU DIVORCE,

CONSIDÉRÉ AU XIXᵉ. SIÈCLE

RELATIVEMENT

A L'ÉTAT DOMESTIQUE

ET

A L'ÉTAT PUBLIC

DE SOCIÉTÉ.

CHAPITRE PREMIER.

Du projet de Code civil , présenté par la Commission du Conseil d'Etat , nommée par le Gouvernement.

Lᴏʀsǫᴜ'ᴀᴜ commencement du seizième siècle , la question de la dissolubilité ou de l'indissolubilité du lien conjugal s'éleva en Europe , les chefs de la réformation et leurs adversaires , tous rigides théologiens , la considérèrent comme une question religieuse , ou du moins comme décidée par la religion ; et ils trouvèrent , les uns et les autres , dans le même livre , et presque dans les mêmes passages, ceux-ci, la tolérance de la dissolution qui a permis la dissolution du mariage, ou des temps de la philosophie moderne, qui, non contente de permettre la dissolution la plus facile du lien conjugal, a justifié le concubinage et étendu son indulgence jusque sur l'adultère ? Et n'est-ce pas préjuger déjà en faveur de l'utilité du divorce, que d'avancer dans le préambule de la loi qui l'autorise, *qu'on n'a connu que dans ces derniers temps ce que c'est que le mariage ?*

« Le mariage, qui existait avant l'établisse- » ment du christianisme, qui a précédé toute » loi positive, et qui dérive de la constitution » même de notre être, n'est ni un acte civil, ni » un acte religieux, mais un acte naturel qui » a fixé l'attention du législateur et que la re- » ligion a sanctifié ». *Le mariage existait avant le christianisme et a précédé toute loi positive;* mais a-t-il précédé les rapports naturels entre les êtres sociables, dont la religion chrétienne offre le développement le plus parfait, et dont toutes les lois religieuses ou civiles ne sont que l'expression et la manifestation ?

La phrase qu'on vient de lire fait illusion à l'esprit, et les divers sens qu'elle semble présenter, s'évanouissent lorsqu'on cherche à les approfondir.

Le mariage est civil sous le rapport des

intérêts, il est religieux sous le rapport des
ames; il est, *animal* ou physique sous le rapport des corps; et comme la famille n'a pu,
dans aucun temps, subsister sans propriétés, et
que l'homme est toujours entré dans le mariage
avec toutes ses facultés morales et physiques, il
est vrai de dire que le mariage, en soi et au
fond, a toujours été un acte civil, religieux
et physique à-la-fois. Il n'était pas civil dans
les premiers temps, dans ce sens que les intérêts de la famille fussent défendus par la force
publique et réglés par les lois publiques, qui
constituent ce que nous appelons l'*état civil*;
mais ils étaient défendus par le pouvoir domestique, élément du pouvoir public, et réglés par les mœurs ou lois domestiques, germes
des lois publiques, comme la société domestique, ou la famille, est elle-même l'élément
et le germe de la société publique. Le mariage
n'était pas religieux dans ce sens qu'il y eût
des prêtres pour le bénir; mais dans ce sens
qu'il était divin, et que le créateur avait dit
de la femme : « Elle quittera son père et sa
» mère pour s'attacher à son mari »; et des
époux : « ils seront deux dans une chair ». C'est
parce que le mariage a été, dans les premiers
temps et antérieurement à l'établissement des
sociétés publiques, politiques et religieuses,

un acte divin et humain (j'entends par humain, moral et physique), comme il est, depuis l'établissement des sociétés publiques,
un acte civil et religieux ; c'est pour cela, dis-
je, qu'il dérive de la constitution de notre être,
de notre nature, qu'il est un acte *naturel :* car
la vraie nature de l'homme et la véritable constitution de son être, consistent dans des rapports naturels avec l'auteur de son être , et
dans des rapports naturels aussi moraux et physiques avec ses semblables. C'est uniquement
parce que le mariage était divin et humain au
sens que je l'entends, qu'il a *fixé l'attention* du
législateur civil, et qu'il a été sanctifié par la
religion ; car si l'orateur dont je discute le raisonnement, qui oppose le *naturel* au civil et
au religieux, comme si ce qui est civil et religieux n'était pas naturel, entend par nature ,
l'animalité de l'homme, il tombe dans la même
erreur que le rapporteur au conseil d'état, du
titre du code civil concernant le mariage, lorsqu'il dit : « les philosophes ne considèrent dans
» le mariage que le rapprochement des sexes ».
Certes, ce sont, pour le dire en passant, d'é-
tranges philosophes, et il semble qu'il ne soit
permis qu'aux anatomistes de considérer ainsi
l'union de l'homme et de la femme.

Le mariage *naturel* qui n'est *ni civil, ni*

religieux, donne naissance à l'homme *naturel* de J. J. Rousseau qui n'est non plus ni *civil*, ni *religieux;* et dire que le mariage *n'est ni un acte civil, ni un acte religieux, mais un acte naturel*, c'est avancer que l'état civil et religieux n'est pas dans la nature de l'homme, c'est retomber dans la doctrine de l'écrivain que nous venons de citer, lorsqu'il dit : « que la » société n'est pas dans la nature de l'homme »; et ailleurs : « tout ce qui n'est pas dans la na- » ture a des inconvéniens, et la société civile » plus que tout le reste ».

Disons donc que le mariage est un acte social, domestique, civil et religieux à-la-fois; acte fondateur de la société domestique, dont l'autorité civile, venant au secours de l'accord domestique, doit garantir les intérêts, et où l'autorité religieuse fait intervenir la divinité d'une manière extérieure et sensible pour consacrer l'union des cœurs et épurer celle des corps.

Le principe du rédacteur est erroné, mais il est conséquent, et l'on a dû nier le lien civil et religieux du mariage qu'on voulait dissoudre par l'autorité civile, au mépris de l'autorité religieuse.

Je crois qu'on peut trouver dans les principes que je viens d'exposer, une solution satisfaisante à la question célèbre agitée dans l'école, de savoir : si l'essence du mariage consiste dans la foi mutuelle des époux, ou dans le sacrement que l'église confère. Si l'on considère le mariage dans l'état de société purement domestique, tel qu'il a existé nécessairement dans les premiers temps, ou tel qu'il existerait encore et aussi nécessairement entre deux êtres humains de différent sexe, jetés sur une île inhabitée, le mariage consiste dans la foi mutuelle des époux; si on le considère entre les chrétiens vivans dans l'état public de société religieuse, il consiste dans l'union des cœurs, ratifiée, consacrée par le sacrement; et la décision contraire, quoique donnée dans de bonnes intentions, se ressent de l'esprit du siècle et peut avoir des conséquences dangereuses.

Quoi qu'il en soit, il ne pouvait pas s'élever une question plus simple dans ses principes, mais plus féconde dans ses conséquences que la question du divorce, puisqu'elle remue à elle seule toutes les questions fondamentales de la société sur le *pouvoir* et sur les *devoirs;* et je ne crains pas d'affirmer, et j'espère même faire voir que de la dissolubilité du lien conjugal ou de son indissolubilité, dépend en France et par-tout le sort de la famille, de la religion et de l'Etat.

On eût, en 1789, préservé la famille de sa destruction, en défendant la constitution politique contre la démocratie : il faut aujourd'hui, pour sauver l'État, défendre la constitution domestique contre le divorce; faculté cruelle, qui ôte toute autorité au père, toute dignité à la mère, toute protection à l'enfant, et qui change la société domestique entre la force et la faiblesse, entre le *pouvoir* et les *devoirs*, qui constitue la famille en un bail temporaire, où l'inconstance du cœur humain stipule ses passions et ses intérêts, et qui finit où commencent d'autres intérêts et de nouvelles passions.

Le divorce fut décrété en 1792, et il n'étonna personne, parce qu'il était une *conséquence inévitable*, et depuis long-temps prévue, du système de destruction suivi à cette époque avec tant d'ardeur; mais aujourd'hui que l'on veut rédifier, le divorce entre comme un *principe* dans les fondations de l'édifice social, et il doit faire trembler ceux qui sont destinés à l'habiter.

Je vais plus loin. Le divorce était en harmonie avec la démocratie qui a régné trop long-temps en France sous différens noms et sous divers modes. C'était, de part et d'autre, le pouvoir domestique et le pouvoir public livrés

aux passions des *sujets* ; c'était désordre dans
la famille et désordre dans l'État : il y avait
entre eux parité et analogie de désordre. Et il
y a, si l'on peut le dire, quelque espèce d'ordre là où tout est désordonné de la même manière et dans le même sens. Mais le divorce
est directement contradictoire à l'esprit et aux
principes de la monarchie héréditaire ou indissoluble. Il y a alors ordre dans l'État, et
désordre dans la famille, indissolubilité dans
l'un, dissolubilité dans l'autre, défaut d'harmonie par conséquent ; et il faut, dans cette
situation de choses, que la famille finisse par
dérégler l'État, ou l'État par régler la famille.
Il y a plus. Dans une démocratie, le peuple
a le privilége de faire les lois et de les abolir au
gré de ses caprices. Mais à cause de la briéveté
de ses magistratures, il y a rarement des particuliers assez puissans pour faire fléchir les lois
au gré de leurs passions ; au lieu que dans la
monarchie, où des places éminentes, confé-
rées à vie ou héréditairement, élèvent de
grandes considérations et de grandes fortunes,
il peut arriver que les lois soient, non pas
faites, mais interprétées au gré des hommes
en crédit : et quels jugemens sollicités par des
passions plus vives que des jugemens en divorce, et quelles lois prêtent davantage à

l'interprétation arbitraire, que celles qui en limitent ou en étendent la faculté ? Or, là où les grands ont passé, la foule passe à son tour. Ce qui était difficile devient aisé ; ce qui était rare, devient commun ; ce qui était défendu, devient permis ; l'exception acquiert force de loi ; la loi bientôt n'est plus que l'exception, et le moment arrive où il n'y a plus de remède au désordre, que le désordre extrême ou les révolutions.

Le jurisconsulte voit dans le mariage un contrat ; le publiciste voit dans la famille une société, et la première des sociétés. C'est sous ce seul point de vue que j'envisage la question du divorce. Je laisse à d'autres à discuter les dispositions du projet de code civil, relatives à la possession et à la transmission des biens ; je ne traiterai ici que des rapports entre les personnes.

Je n'emploierai, dans cette discussion, que l'éloquence de la raison, parce que je parle à des législateurs, et en présence d'une nation, parvenue à force d'expérience, à cet état où il est plus facile de la convaincre que de l'entraîner. D'ailleurs, si l'imagination peint avec les couleurs les plus vives les effets déplorables du divorce, elle ne présente pas un tableau moins animé des suites trop souvent malheureuses des unions indissolubles ; et dans cette lutte incertaine , la vérité ne triomphe que par le hasard du talent. Donnons à ses succès une chance plus assurée, en combattant pour elle avec les armes qui lui sont propres , et dont l'erreur ne saurait se servir sans trahir sa faiblesse.

Je ne chercherai pas même des motifs contre le divorce dans les affections privées de l'homme, affections passagères et variables , qu'il prodigue souvent à de coupables objets, plus vives quelquefois qu'aux objets les plus légitimes. Il faut prendre hors de l'homme la raison de ses devoirs , comme le prix de ses vertus. L'homme, la femme , les enfans sont indissolublement *unis* , non parce que leur cœur doit leur faire un plaisir de cette union , car, que répondre à celui d'entre eux pour qui cette union est un supplice ? mais parce qu'une loi naturelle leur en fait un devoir, et que la raison universelle , dont elle émane, a fondé la société sur une base moins fragile que les affections de l'homme.

J'invite le lecteur à relire la partie du discours préliminaire du projet du code civil, qui traite du mariage et de la faculté du divorce. Il remarquera , dans l'exposé contradictoire des motifs pour ou contre le divorce, que l'avantage

l'avantage reste tout entier à la cause de l'indissolubilité, et même qu'il règne, à cet égard,
une contradiction frappante entre l'esprit général du discours et la rédaction du code. Cette
observation n'a échappé à personne. Les uns
en ont fait honneur à la cause elle-même ; les
autres, à l'opinion personnelle des rédacteurs,
et tous ont eu raison. Ici l'esprit des rédacteurs
était d'accord avec leur cœur ; mais tel est
l'empire des temps passés sur le temps présent,
qu'il ne leur a pas été permis de suivre, dans
cette pénible tâche, ni leurs sentimens, ni
leurs opinions. Le public a particulièrement
reconnu dans le discours préliminaire, le talent supérieur que M. Portalis, le *vir bonus
dicendi peritus* de Cicéron, déploya aux jours
du combat, dans cette même cause, et dans
d'autres non moins importantes. On s'applaudit
de le connaître alors qu'on est appelé à le combattre, parce qu'on en sent mieux l'avantage
d'être d'accord avec les intentions de l'homme,
là même où l'on ne partage pas les opinions du
rédacteur.

Je serai forcé de rappeler les croyances religieuses de la partie de la nation qui rejette le
divorce, uniquement parce que le projet rappelle les croyances religieuses de la partie
de la nation qui en admet la faculté ; car,

E

d'ailleurs, je pense que dans cette question, le gouvernement ne devrait pas s'occuper des croyances religieuses, mais des actions raisonnables; et l'on s'apercevra sans doute, que si je cite la religion chrétienne à l'appui de mes raisonnemens, c'est pour en faire voir la conformité à la raison la plus éclairée, et nullement pour y chercher des motifs capables de subjuguer la raison.

CHAPITRE II.

De la société domestique.

L'HOMME, la femme *sont* l'un et l'autre ; mais ils ne *sont* pas l'un comme l'autre ou d'une manière égale, et ils diffèrent de sexe.

Cette égalité dans l'être, cette inégalité dans la manière d'être, s'appelle *similitude*, et constitue des êtres qui sont *semblables*, mais non pas *égaux*, et ne peuvent jamais le devenir.

L'union des sexes est la raison de leur différence ; la production d'un être est la fin de leur union.

Cet être produit est d'un sexe comme l'un ou l'autre de ceux qui lui ont donné l'être ; mais ils sont formés, et il est à former ; il est jeune, et ils sont vieux. Autre inégalité, autre similitude.

Homme, femme, *petit*, considérés chacun en soi, et sans aucune relation entre eux, forment chacun un *individu*, c'est-à-dire, un tout qu'on ne peut diviser sans le détruire. Leurs manières d'être, de sexe et d'âge, sont *absolues*, ce qui veut dire qu'elles existent l'une sans l'autre ;

E 2

car pour l'être organisé, *jeune* n'est pas relatif de *vieux*; et l'être organisé est dans un sens absolu jeune tant qu'il croît, et vieux quand il décroit.

Père, mère, enfant, qui expriment à-la-fois l'union des sexes et la production de l'être, ne peuvent être considérés que dépendamment l'un de l'autre, et relativement l'un à l'autre. Une femme pourrait exister sans qu'il existât d'homme, mais il n'y a pas de mère s'il n'y a pas un père, ni un enfant sans l'un et sans l'autre. Chacune de ces manières d'être suppose et rappelle les deux autres; c'est-à-dire, qu'elles sont *relatives*. Ainsi considérées, elles s'appellent *rapports*, en latin *ratio* : père, mère, enfant, sont des *personnes*, et leur réunion forme la famille. L'union des sexes, qui est le fondement de tous ces rapports, s'appelle *mariage*.

Ainsi la similitude des êtres humains a produit des rapports entre eux; comme la similitude des êtres matériels, considérés dans l'étendue, produit des rapports arithmétiques ou géométriques ; comme la similarité des êtres matériels, considérés dans leur substance, produit des *affinités* ou rapports chimiques. Ces points de contact entre les diverses sciences sont précieux à recueillir.

La production de l'homme est la fin du rapport des sexes; sa conservation est la fin du
rapport des âges, c'est-à-dire, que l'homme
et la femme produisent l'enfant, que le père
et la mère le conservent. La production et la
conservation de l'homme sont donc la fin de
la famille, et la raison de tous les rapports
de sexe et d'âge qui la constituent.

La brute naît avec une impulsion, selon les
uns; avec une connaissance, selon les autres;
impulsion ou connaissance qu'on appelle *ins-*
tinct, qui guide invariablement chaque espèce,
et infailliblement toutes les espèces dans leur
reproduction et leur conservation, pour lesquelles elles ont reçu chacune tout ce qui leur
est nécessaire. La brute n'est pas plus libre de
ne pas se reproduire que de ne pas se conserver. Le temps, la manière, tout est déterminé pour elle; et ce que nos leçons ajoutent
à son instinct, est pour nos besoins et jamais
pour les siens, et prouve bien moins son industrie que la nôtre.

L'homme, au contraire, naît ignorant et dé-
sarmé; et si la faculté de choisir et de vouloir,
qui le distingue, n'est pas éclairée par l'instruction, il n'aura pas de choix; il aura une
impulsion et point de volonté, des mouvemens
et point d'action. Il cédera à quelques besoins

E 3

involontaires, mais il ne saura, ni prévoir aucun danger, ni s'en défendre ; hors d'état de
se conserver et peut-être de se reproduire (1),
il sera au-dessous de la brute, ou plutôt il
ne sera rien, parce qu'il ne sera pas ce qu'il
doit être, et qu'il n'a pas reçu, comme la brute,
un instinct pour suppléer à sa volonté.

« L'homme n'est donc pas, comme le dit
» M. de Saint-Lambert, une masse organisée
» et sensible, qui reçoit l'esprit de tout ce qui
» l'environne et de ses besoins » ; mais l'homme
est une *intelligence servie par des organes* qui
reçoivent de leur conformation et de l'instruction, une disposition à seconder l'intelligence
dans l'exercice de sa volonté, et la direction
de son action (2).

Le *moyen* de cette instruction est la parole ;

---

(1) Les hommes des deux sexes, hors de toute société,
sans langage, et par conséquent sans raison, se fuiraient,
se battraient et ne s'uniraient pas. Ce qui le prouve, est
que la passion de l'amour est plus faible dans l'homme à
mesure qu'il est plus voisin de l'état barbare, et plus forte
dans la brute à mesure qu'elle se rapproche de la vie sauvage. Tous les hommes trouvés dans des bois ont montré
de l'éloignement pour les femmes, et réciproquement.

(2) *Tantùm abest ut corpus quoquo modo sui juris sit,*
dit le célèbre Stahl, *ut potius alterius sit juris, animæ
inquam, et intelligendi ac volendi actui ministret.*

car l'homme en société n'agit pas sans *moyen,*
milieu, médiateur, mots absolument synonymes.

La parole, qui exprime la pensée du père
pour former la pensée du fils, l'enseigner à
vouloir, et par conséquent à agir, est connue
du père, inconnue au fils ; car même on n'a
pu désigner le petit de l'espèce humaine qu'en
disant celui qui ne parle pas, *infans.*

Ainsi, dans la conservation ou instruction de
l'homme, comme dans sa reproduction, le père
est actif ou fort ; l'enfant passif ou faible ; la
mère, *moyen terme entre les deux extrêmes*
de cette proportion continue, passive pour
concevoir, active pour produire, reçoit pour
transmettre, apprend pour instruire, et obéit
pour commander.

Cette gradation dans leurs rapports, dans
laquelle seule se trouve la solution de la question du divorce, est marquée d'une manière
sensible dans les relations même purement
physiques des êtres. L'homme, doué de connaissance, n'est père qu'avec volonté ; la
femme, même avec connaissance, peut devenir mère malgré sa volonté ; l'enfant n'a ni la
volonté de naître, ni la connaissance qu'il naît.

Cette coopération nécessaire de la mère à l'action du père pour l'enfant, ce double rapport

E 4

qui l'unit à l'un et l'unit à l'autre, et qui fait que, dans son corps comme dans son esprit, la femme participe de la force de l'un et de la faiblesse de l'autre, s'appelle *moyen* ou *ministère*.

Ainsi, l'on peut dire, « que le père a, ou est » le *pouvoir* d'accomplir, par le moyen ou le » *ministère* de la mère, l'action reproductive » et conservatrice, dont l'enfant est le terme » ou le *sujet* ».

Qu'on me permette d'éliminer, comme dans l'analyse, l'expression des rapports physiques, *père*, *mère*, *enfant*, qui conviennent à la brute comme à l'homme, et nous aurons l'expression, *pouvoir*, *ministre*, *sujet*, relatifs comme *père*, *mère*, *enfant*; expression des rapports moraux qui ne conviennent qu'à l'être intelligent; mais qui conviennent à tous les êtres intelligens, embrassent la généralité, l'immensité de leurs rapports, et ouvrent à la méditation les portes même de l'infini.

Père, mère, enfant, étaient les personnes physiques; leurs rapports étaient physiques, et formaient la famille animale : *pouvoir*, *ministre*, *sujet*, sont les personnes morales ou sociales, ou simplement les *personnes* (1); leurs

_____

(1) l'ersonne vient de *per se sonat*, qui exprime par lui-même une relation sociale. Paul est un mot qui désigne

rapports sont moraux ou sociaux, et forment
la famille morale, ou société appelée domestique, *à domo*, parce que la communauté d'habi-
tation en est une condition nécessaire.

J'insiste à dessein sur ces expressions morales qui désignent les personnes domestiques :
1°. parce que celles de père, de mère, d'enfant, ne présentant que des rapports de sexe
et d'âge, les sophistes modernes en ont abusé,
pour ne nous considérer que comme des mâles,
des femelles et des petits, et qu'il faut en quelque sorte spiritualiser l'homme et ses rapports,
à proportion des efforts qu'on fait pour les
matérialiser.

2°. Parce que les expressions de *pouvoir*, de
ministre, de *sujet*, portent avec elles l'énoncé
des fonctions et des devoirs de chaque membre
de la société.

3°. Parce que ces expressions générales, usi-
tées dans la société publique, montrent à découvert sa similitude avec la société domestique, et simplifient le développement de leurs
principes communs.

---

un individu et n'énonce aucune qualité. *Pouvoir*, *ministre*,
sujet, sont des *personnes*, c'est-à-dire, qu'ils expriment
par eux-mêmes, *per se sonant*, des rapports, et ne désignent point d'individu.

La religion chrétienne elle-même, que je
ne citerai jamais dans le cours de cet ouvrage
que pour en faire voir la conformité avec la
raison, appelle l'homme la *raison*, le *chef*,
le *pouvoir* de la femme : *Vir caput est mu-
lieris*, dit saint Paul. Elle appelle la femme
l'aide ou le *ministre* de l'homme : « Faisons à
» l'homme, dit la Genèse, un aide semblable
» à lui ». Elle appelle l'enfant *sujet*, puisqu'elle
lui dit, en mille endroits, d'obéir à ses parens.

La famille a donc pris un caractère de mo-
ralité, et c'est ce que dit en d'autres termes
l'auteur du discours préliminaire du Projet de
Code civil : « Quand une nation est formée, on
» s'occupe plus de la dignité du mariage que
» de sa fin ».

La malice de l'homme monte toujours ;
c'est-à-dire, que l'homme tend, par un penchant né avec lui, à exagérer son pouvoir; la
femme à l'usurper, l'enfant à s'y soustraire.
Cette disposition, quelle qu'en soit la cause,
est un fait à l'abri de contestation.

La religion ne fait donc que nous raconter
un fait, lorsqu'elle nous enseigne que nous
naissons tous avec un penchant originel ou natif à la domination, appelé *orgueil*; penchant
qui trahit notre grandeur naturelle, et dont
la société est le frein, puisque la société

renferme les institutions qui maintiennent, contre les passions des hommes, le pouvoir légitime, conservateur des êtres, et qu'elle n'est que la protection de la faiblesse contre l'abus de la force ; et la philosophie modèrne nie la vérité et la raison, lorsqu'elle nous dit, par l'organe de J. J. Rousseau : « L'homme est » né bon, et la société le déprave ».

La force physique du père ne pourrait contenir ce penchant à l'indépendance dans les autres membres de la famille ; car plusieurs enfans sont plus forts qu'un père, et la vie même de l'homme est, à tout instant, à la disposition de sa femme.

Quel sera donc le lien qui retiendra les personnes domestiques à la place que leurs devoirs leur assignent ? Les affections naturelles, disent les sophistes qui ne manquent pas de citer en preuve les affections des brutes ; la sympathie, disent les romanciers ; le *sentiment*, disent les ames *sensibles*. Mais si ces affections sont naturelles en nous, comme le besoin de digérer et de dormir, pourquoi des pères injustes, des enfans ingrats, des femmes infidèles, des frères ennemis ? Pourquoi des lois, lorsqu'il y a des nécessités ? Cette affection prétendue naturelle des autres, n'est-elle pas trop souvent prête à céder à l'affection de soi ? et bien loin qu'elle

soit naturelle, ne faut-il jamais d'efforts sur
eux-mêmes, aux époux, pour demeurer unis,
et aux enfans pour leur rester soumis ? Ces affections naturelles ne sont donc que des affections raisonnables, que l'habitude, la recon-
naissance, sur-tout l'amour de soi, rendent
chères, faciles, aveugles quelquefois; et si
elles sont des affections raisonnables, elles sont
raisonnées ou apprises. Car l'homme naît capable de raison, mais il apprend à raisonner,
et ne raisonne pas, s'il n'a pas appris à le faire.
Ainsi l'on peut dire que la raison de toutes nos
affections raisonnables, ou de tous nos devoirs,
ne se trouve que dans la raison.

L'enfant reçoit, de ses parens, la raison par
la communication de la parole, comme il en a
reçu l'être par la communication de la vie. Ses
parens ont reçu l'un et l'autre de ceux qui les
ont précédés. La progression sensible de la
population, par-tout où des causes acciden-
telles ou locales ne la contrarient pas, prouve,
comme toute progression géométrique, un premier terme générateur. Tout peuple, et le genre
humain lui-même, est né d'une famille, puisqu'encore il pourrait recommencer par une
famille, si elle restait seule dans l'univers.
Aussi, dans l'enfance du monde, les peuples
ne s'appellent que du nom d'une famille;

enfans d'Héber, de Moab, d'Edom, *Darda-*
nidæ, Pelasgi, etc.

Cette première famille est-elle née de la
terre ou de la mer, du soleil ou de la lune ?
On l'a dit, dans ce siècle, où l'on a renouvelé
les fables de Prométhée et de Deucalion. Mais
pourquoi les élémens, aujourd'hui, ne pro-
duisent-ils rien de semblable ? Qu'on nous
montre un insecte né sans père ni mère, d'une
matière en fermentation, et nous pourrons
croire à la formation de l'homme par la matière. Disons donc, avec la raison et l'histoire,
qu'un être intelligent a produit l'être intelligent. Que si nous ignorons le mystère de cette
génération divine, nous ne connaissons pas
davantage le mystère de la génération humaine,
parce que tout, dans l'univers, et l'homme lui-
même, est un mystère pour l'homme. Ainsi,
nous *imaginons* les effets, tels que la fluidité,
la force du vent, la gravitation, l'adhésion, etc.,
sans les *concevoir;* et nous *concevons* la cause
sans l'*imaginer.* Car cette proposition : *Il n'y*
a pas d'effet sans cause, est aussi évidente à
la raison que celle-ci, *Il n'y a pas de corps*
sans étendue, est certaine à l'imagination.

Cet être, auteur de l'homme, supérieur,
par conséquent, à l'homme, comme la cause
l'est à l'effet, nous l'appelons *Dieu,* et c'est

même une absurdité de dire que l'homme ait inventé Dieu; car inventer un être, ce serait le créer, et l'homme ne peut pas plus créer les êtres, qu'il ne peut les détruire. Il développe les rapports, il change les formes : là se bornent, et son invention et son action ; et l'on peut défier tous les philosophes ensemble, d'inventer quelque chose dont les hommes n'aient pas d'idée précédente, comme de tracer une figure qui ne soit pas dans des dimensions déjà connues.

Dans Dieu est donc la raison de la création; dans Dieu est la raison de la conservation, qui est une création continuée.

Si Dieu a créé l'homme, il y a dans Dieu, comme dans l'homme, *intelligence* qui a voulu, *action* qui a exécuté. Il y a donc similitude, *et l'homme est fait à son image et à sa ressemblance*. Il y a donc des rapports, une société; et je vois, dans tout l'univers, la religion aussitôt que la famille, la société de l'homme avec Dieu aussitôt que la société de l'homme avec l'homme : cette religion primitive se nomme *naturelle* ou *domestique*.

Mais si l'homme d'aujourd'hui reçoit la parole comme l'être, s'il ne parle qu'autant qu'il entend parler, et que le langage qu'il entend parler; si même il est physiquement impossible

que l'homme invente de lui-même à parler,
comme il est impossible qu'il invente de lui-
même à être (ce qui peut être démontré par la
considération des opérations de la pensée et de
l'organe vocal), il est nécessaire que l'homme
du commencement ait reçu, ensemble, l'être
et la parole. Or, cette vérité, qui serait une
démonstration même physique de l'existence
d'un premier être, combattue, ou plutôt, mé-
connue par des sophistes, s'établit peu-à-peu
dans la société ; et déjà J. J. Rousseau avait
dit : « Effrayé des difficultés qui se multiplient
» (dans la discussion du roman de Condillac,
» sur l'*invention du langage*), et convaincu de
» l'impossibilité presque démontrée que les
» langues aient pu naître et s'établir par des
» moyens purement humains, je laisse à qui
» voudra l'entreprendre, la discussion de ce
» difficile problème... et je crois que la parole
» a été fort nécessaire pour inventer la pa-
» role ».

C'est, en effet, dans ces derniers mots qu'est
la raison de l'impossibilité de l'invention du
langage par les hommes : car inventer est penser, et penser est parler intérieurement. Il
faut des signes pour penser, parce qu'il en
faut pour parler ; et l'on peut dire, en se ré-
sumant, que l'*homme pense sa parole avant*

de parler sa pensée, et exprime sa pensée
pour lui-même avant de l'exprimer pour les
autres.

Dans la parole divine est la raison humaine,
comme dans la parole du père est la raison de
l'enfant. De là vient qu'en grec, *parole* et
raison, s'expriment par le même mot, *logos*;
et l'homme n'aurait pu, de lui-même, raisonner, puisque, de lui-même, il n'aurait même
pu parler; et si je ne connais pas l'incom-
préhensible mystère de la parole humaine,
pourquoi voudrais-je pénétrer le mystère de
la parole divine ?

La société, entre Dieu et l'homme primitif,
a tous les caractères généraux de la société
que nous avons remarquée entre les hommes,
et j'y vois les personnes morales : le *pouvoir*,
qui est Dieu; les *sujets*, qui sont les personnes
domestiques; le *ministre*, qui est le père de
famille; moyen aussi entre les deux *extrêmes
de cette proportion continue*, « Dieu est au
» père, comme le père est à l'enfant ». Le
père est passif, actif à-la-fois, participant de
la dépendance de l'enfant et du pouvoir de
Dieu même, recevant des ordres pour les
transmettre, et obéissant à l'un pour commander à l'autre.

Et je ne vois, nulle part, de vérité historique
mieux

mieux prouvée que la religion des premières
familles, et le sacerdoce des premiers pa-
triarches.

Dans ce culte domestique de la Divinité, la
mère avait une place distinguée, ou peut-être
quelque fonction particulière relative à son
rang dans la famille. De là les prêtresses de la
religion païenne, et cette disposition ordinaire
aux peuples anciens, dont on aperçoit encore des traces dans les temps modernes, à
attribuer aux femmes quelque chose de sur-
humain, et particulièrement la connaissance
de l'avenir. *Inesse quinetiam fœminis sanctum
aliquid et providum putant*, dit Tacite en parlant des Germains.

Ainsi l'existence de l'homme prouve la création des êtres, et l'existence de la famille
prouve la conservation de l'homme; donc elle
prouve la connaissance des rapports naturels
des hommes en famille, seuls moyens de conservation; l'instruction, seul moyen de connaissance; la parole, seul moyen d'instruction; Dieu enfin qui seul connaît par lui-même
les rapports des êtres qu'il a créés, et qui peut
seul les révéler aux hommes.

Cette parole, qui apprend les rapports naturels, s'appelle *loi*. La loi est donc l'énoncé des
rapports naturels entre les personnes : vérité

F

universellement convenue, depuis Cicéron, qui a dit : *Lex est ratio profecta à naturâ rerum,* jusqu'à J. J. Rousseau, qui a dit : « Les » rapports naturels et les lois doivent tomber » toujours de concert sur les mêmes points ».

C'est par le sentiment de cette vérité, que les législateurs anciens ont appelé les lois la pensée de Dieu, *mentem Dei,* dit Cicéron ; que J. J. Rousseau a appelé les lois la parole de Dieu : « Ce que Dieu veut qu'un homme fasse, » dit-il, il ne le lui fait pas dire par un autre » homme, il le lui dit lui-même, et l'écrit » au fond de son cœur ». Et le vrai philosophe, qui sent que cette opinion (1) fanatique est la théorie de toutes les extravagances et l'arsenal de tous les forfaits, met la réalité à la place de la métaphore, complette la pensée de Cicéron, redresse celle de J. J. Rousseau ; croit, avec l'un, à une pensée divine ; avec l'autre, à une parole divine, mais parole

_____

(1) Le fanatisme consiste à croire que Dieu agit perpétuellement sans moyens, comme un prince qui, s'en remettant à Dieu du soin de le défendre par une opération surnaturelle, négligerait de lever des troupes. La superstition consiste à croire que Dieu agit toujours par des moyens sans rapport à leur fin, *verbis, herbis, lapidibus,* disait Cagliostro. L'enthousiasme ou zèle est bon ou mauvais, selon sa fin et ses moyens.

donnée à un homme pour les hommes , parole
réelle , et que l'homme puisse entendre quand
il veut bien l'écouter. C'est ce qui fait dire à
Ch. Bonnet : la loi (révélée) est l'expression
même *physique* de la volonté de Dieu.

Ainsi , *adore Dieu , honore ton père et ta
mère ,* dut être la première parole *dite* à la
famille, comme, plus tard, elle fut la première
écrite pour un peuple ; et alors Dieu, le pouvoir, les fonctions, les devoirs, tout fut révélé
à l'homme, et le père de famille n'eut qu'à
en transmettre la connaissance et à en ordonner
l'exécution.

« C'est sur-tout par les rapports des patriar-
» ches avec la société, dit l'estimable auteur
» de l'*Essai historique sur la puissance pater-
» nelle* (1), que la puissance du père s'accrut
» dans les premiers âges. On confondit peu-
» à-peu ses volontés avec celles dont le culte
» religieux le rendait l'organe. Ainsi se forma
» cette opinion générale des siècles héroïques,
» qui leur attribuait une influence surnaturelle
» sur les élémens et sur la destinée. Cette in-
» fluence plaçait dans ses mains tous les attri-
» buts de la justice divine ». De là , suivant le

_____

(1) M. A. Nougarede. Cet ouvrage se trouve chez Le-
normant , 1801.

même auteur, la malédiction paternelle, ou l'excommunication domestique, qui imprima une terreur si profonde, qu'elle s'est prolongée au travers des siècles jusqu'à nos jours.

Aussi c'est uniquement dans le pouvoir divin que la religion chrétienne trouve la raison des lois domestiques. « Maris, dit-elle, aimez » vos femmes comme le Seigneur a aimé son » église, et jusqu'à se livrer à la mort pour » elle ; femmes, soyez soumises à vos maris » comme au Seigneur ; enfans, obéissez à vos » parens dans le Seigneur. »

Ainsi l'homme ne doit rien à l'homme, que pour Dieu et en vue de Dieu : là est la vraie égalité et la vraie *liberté des enfans de Dieu*, à laquelle le christianisme nous élève ; et tout devoir humain cesse là où l'on ne reconnaît plus de pouvoir divin.

Ainsi les lois physiques domestiques, sont l'énoncé des relations ou rapports du père, de la mère, de l'enfant ; et les lois morales domestiques, que l'on appelle aussi *mœurs*, sont l'énoncé des relations ou rapports des personnes morales, du pouvoir, du ministre, du sujet.

Ainsi toute famille où le père ne pourra pas cesser d'être pouvoir, la mère d'être subordonnée, le fils d'être dépendant, aura de bonnes lois ou de bonnes mœurs ; et la famille aura de mauvaises lois ou de mauvaises mœurs , lorsque les personnes morales pour-ront cesser d'être dans leurs rapports respectifs.

Ainsi les mœurs domestiques sont différentes des mœurs individuelles , ou de la conduite de l'individu ; car l'homme peut être déréglé dans une société bien réglée , ou réglé lui-même dans une société qui ne l'est pas. Ici, l'homme est meilleur que la société ; là, la société est meilleure que l'homme.

Ainsi, *adore Dieu , honore ton père et ta mère* , est la loi fondamentale de la famille , dont les lois domestiques subséquentes doivent être la conséquence ; conséquence naturelle ou vraie , là où Dieu sera *servi* et le père obéi ; fausse et contre nature , là où Dieu sera ou-tragé par un culte faux , et le pouvoir domes-tique anéanti par des lois insensées.

Ainsi la religion est le lien des personnes domestiques , le lien de Dieu et des hommes , le lien des êtres intelligens , *à religare* , lier doublement. (1)

_____

(1) Voyez la *Législation primitive* , du même auteur , où ces vérités sont développées.

F 3

CHAPITRE III.

De la société publique.

LES hommes se multiplient, et les familles
se rapprochent. Des besoins communs les ras-
semblent, mais plus souvent des passions égales
les désunissent. Les femmes, les enfans, les
troupeaux, les territoires, la chasse, la pêche,
tout devient sujet de querelle entre les familles; dans toute société, et même à tout âge de
la société, on voit des guerres privées aussitôt
qu'on aperçoit des familles rapprochées; et
des voisins qui plaident aujourd'hui, auraient
pris les armes il y a quelques siècles.

L'état domestique est nécessaire pour reproduire et conserver l'homme : il se forme
un état public ou gouvernement politique,
pour multiplier et conserver les familles. J'aperçois, en effet, dans tous les temps et chez tous
les peuples, un homme qui parle et qui ordonne, et des hommes qui écoutent et qui
obéissent, c'est-à-dire, des hommes en état
actif et des hommes en état passif : j'aperçois
d'autres hommes (magistrats ou guerriers),
moyen entre les deux extrémes, placés à égale

distance du pouvoir et des sujets, recevant les ordres qu'ils transmettent, et obéissant pour commander.

Non seulement j'aperçois cet ordre dans l'univers, mais la raison me dit que cet ordre est naturel, qu'il ne peut pas exister autrement pour la conservation des familles, qu'il faut une volonté générale pour donner à toutes les volontés une direction commune, et une action générale pour empêcher le choc des actions particulières; et s'il est prouvé que cet ordre est nécessaire, je m'inquiète peu si, dans son principe, il est volontaire ou forcé (1), et je ne vois pas de contrat, là où je vois une nécessité.

J'aperçois donc un pouvoir humain, des ministres, des sujets, qui ne sont pas des pères, des mères, des enfans, considérés sous le rapport physique; mais qui, ayant pour fin de

_____

(1) Platon, dans sa République, considère aussi trois ordres de citoyens, les juges, les guerriers, les artisans : mais les juges et les guerriers ne sont, dans la société, qu'une personne, puisqu'ils ne sont que le moyen intérieur ou extérieur de conservation de la société. A cette distinction des personnes sociales, correspond celle des vertus cardinales. La prudence appartient au chef, la force au ministre, la tempérance ou la modestie au sujet, la justice à tous; car elle conserve tous les rapports.

F 4

leurs relations la multiplication des familles et leur conservation, présentent une fin *semblable* à celle de la famille, qui a pour objet la reproduction et la conservation de l'homme, et ont ainsi une fin générale ou publique, comme la famille en a une particulière et domestique.

De cette similitude dans les moyens et dans la fin, naît une similitude dans les appellations. Le pouvoir, dans toute société religieuse et politique, est appelé *paternité*, et les sujets sont appelés des *enfans;* et c'est ce qui fait dire à l'auteur du discours préliminaire : « les » magistrats sont des pères par-tout où les » pères sont des magistrats ».

Dans la société domestique ou la famille, le pouvoir est homme, il est *un;* et dans la société publique ou générale appelée Etat, le pouvoir doit être homme, et il est toujours *un*, malgré des apparences contraires ; car *un* homme seul propose la loi que tous acceptent; souvent même *un* seul décide quand plusieurs délibèrent. Dans toute assemblée législative, *un* vide le partage; et la seule différence, à cet égard, entre la démocratie la plus illimitée et la royauté héréditaire, est que l'unité est fixe dans celle-ci, et perpétuellement mobile dans celle-là.

Dans la famille, société d'individus, le

pouvoir, le ministère, le sujet, sont dans l'individu; dans l'Etat, société de familles, le pouvoir, le ministère, le sujet, sont souvent dans la famille. Les familles du ministère public sont appelées *notables* ou nobles. Quelquefois le pouvoir seul est dans la famille, comme en Turquie; quelquefois le ministère seul, comme en Pologne; ici, le pouvoir et le ministère sont dans les mêmes familles, appelées *patriciennes*, comme dans les aristocraties et les oligarchies; là, tout est dans les individus, comme dans les démocraties.

Dans la famille, les personnes, les lois, les fonctions, les devoirs, les vertus, sont domestiques ou privées; dans l'Etat, tout est public, personnes, lois, fonctions, devoirs et vertus.

La société publique n'a pas détruit ni même altéré les rapports de la société domestique, puisque l'enfant est mineur ou sujet dans la famille, même alors qu'il est majeur ou autorité dans l'Etat; et que le père est sujet dans l'Etat, quoiqu'il ait le pouvoir dans la famille. Une fois l'Etat public formé, le pouvoir domestique est bien distingué de la paternité physique; 1º. puisque le pouvoir existe même là où la paternité n'est que présumée, suivant cet axiôme de droit : *Pater est is quem*

justæ nuptiæ demonstrant; 2°. parce que,
même lorsque le père a cessé d'être, le pouvoir continue dans ses dernières volontés, et
même à perpétuité dans les substitutions; 5°. le
pouvoir se trouve même là où la paternité n'était
pas, comme lorsque l'aïeul succède au pouvoir
du père mort, sur les enfans de celui-ci; 4°. le
pouvoir est transmissible, et la paternité ne
l'est pas, comme lorsqu'un père nomme un
tuteur à ses fils en bas âge. Le pouvoir public,
qu'on appelle aussi politique quand il admi-
nistre l'Etat, et civil quand il règle les familles,
regarde la mère seulement comme une personne domestique et le *ministre* du mari, puisqu'elle doit en être autorisée pour tous les
actes civils auxquels elle intervient.

Les passions qui troublent la famille, ont
bien plus de violence dans l'Etat, parce qu'en
même temps qu'elles sont allumées par l'ambition du pouvoir public, elles ne sont pas
amorties par l'influence des affections domestiques.

Le pouvoir humain ne peut retenir par lui-
même les ministres et les sujets à leur place,
puisqu'il est seul contre tous, et que les armes
qu'il leur donne pour sa défense, peuvent être
tournées contre lui.

Ici le lien universel de toute société, la

religion, vient encore serrer les nœuds de la
société politique, et le mot même de religion,
de *religare*, annonce assez qu'elle est le lien
naturel et nécessaire des sociétés humaines,
des familles et des États. La religion, de domestique qu'elle était, devient publique, ou
révélée; comme la société, de domestique,
est devenue Etat public ou gouvernement; et
si nulle part, dans les premiers temps, on ne
vit de familles sans une religion domestique,
on n'a pas encore vu d'Etat public de société,
sans une religion publique ou révélée; car la
religion musulmane est une religion révélée
ou enseignée par Mahomet, comme la religion
chrétienne est révélée par Jésus-Christ (1).

Les personnes de la religion domestique ou
naturelle, étaient intérieures ou domestiques;
le ministre, les sujets, le pouvoir lui-même.
C'est ce qui est attesté par l'Ecriture, unique
monument des premiers âges du monde, où
nous voyons les chefs des familles sacrificateurs,

---

(1) Cette expression *religion révélée*, ne s'entend chez
les chrétiens que d'une révélation divine, ou de la manifés-
tation de la vérité; mais, dans l'acception propre sous laquelle je l'emploie ici, *révéler* veut dire enseigner, dé-
couvrir, *revelare*, et l'on sent assez que c'est sous ce
seul rapport que je rapproche Mahomet de Jésus-Christ,
où l'erreur de la vérité.

pontifes; en un mot, *ministres* d'un Dieu qui
protégeait leur famille, et qui avait voulu s'appeler lui-même le *Dieu d'Abraham*, le *Dieu
d'Isaac*, le *Dieu de Jacob.*

Dans la religion publique ou révélée, les
personnes deviennent publiques. Les sujets
sont la nation, les ministres sont le corps du
sacerdoce, *moyen entre les deux extrêmes*,
en communication avec Dieu et avec l'homme,
recevant pour transmettre, et obéissant à l'un,
pour prescrire aux autres. La Divinité elle-
même se rend extérieure en quelque sorte et
présente; d'une manière *sensible*, dans le ta-
bernacle judaïque d'où elle rendait ses oracles;
d'une manière *réelle*, sur les autels de la religion chrétienne; et même les païens la représentent d'une manière *matérielle* ou *figurée*
dans les idoles de leurs dieux. La grande action du culte religieux, le don de l'homme
ou le sacrifice, intérieur dans la religion
domestique, est public aussi dans la société
publique, et même sanglant dans la religion
païenne. (1)

Les lois sont devenues publiques, comme
les personnes dont elles énoncent les rapports.
La loi *d'honorer le père et la mère*, fondamentale de la société domestique, devient fondamentale de la société publique; et c'est le

sentiment de M. Bossuet, que l'obligation d'o-
béir au pouvoir politique et à ses agens, se
trouve dans ce précepte.

La religion seule peut donc empêcher le déplacement des personnes publiques, comme
elle empêche le déplacement des personnes
domestiques. C'est une vérité que les sages de
l'antiquité ont connue quand ils ont voulu
former des sociétés, et nos sages modernes,
lorsqu'ils ont voulu les détruire, puisque les
uns ont commencé par régler le culte de la
divinité, et les autres par l'abolir.

Et remarquez que la conséquence se trouve
ici à côté du principe, et qu'à la suite de la loi
qui ordonne à l'homme d'*honorer* le pouvoir et
ses ministres, le législateur ajoute : *Afin que tu
vives long-temps sur la terre*, parce que la
constitution naturelle du pouvoir domestique
et du pouvoir public, assure la durée des familles et la perpétuité des empires. Montesquieu attribue à la religion chrétienne la tran-
quillité des Etats modernes; et l'histoire, plus
instructive dans ses leçons que le philosophe
dans sa science, nous montre les sociétés non
chrétiennes décliner à mesure qu'elles s'éloi-
gnent de leur origine, et tendre à leur décadence, même lorsqu'elles reculent leurs frontières; et la société chrétienne en général,

devenir, d'âge en âge, plus éclairée et plus forte, et même puiser dans les révolutions de nouvelles lumières et de nouvelles forces.

Ainsi la raison du pouvoir politique est dans le pouvoir divin, et ne peut se trouver ailleurs. L'homme ne peut naturellement rien sur l'homme; l'homme ne doit rien à l'homme; tout pouvoir constitué sur des lois naturelles ou divines, vient de Dieu, *omnis potestas ex Deo;* et ce passage n'a jamais été entendu autrement.

Ainsi, le pouvoir politique est le moyen ou le ministre du pouvoir divin, pour la conservation du genre humain, inséparablement liée à l'existence de la société ; *minister Dei in bonum,* dit saint Paul : *moyen aussi entre deux extrêmes,* Dieu et l'homme; trouvant dans la loi de Dieu le fondement des lois secondaires qu'il publie pour régler les hommes, et obéissant à l'un pour commander aux autres. Car dès qu'on ne nie pas l'existence de la Divinité, il faut renoncer à raisonner, ou admettre cette série de conséquences.

Ainsi, dès que le pouvoir légitime vient de Dieu, l'autorité est justifiée et l'obéissance ennoblie, et l'homme doit également craindre de commander et s'honorer d'obéir.

On voit la raison pour laquelle, chez les premiers peuples, le sacerdoce était uni à la royauté ; pourquoi, chez les Romains, un membre du collége des prêtres, chargé d'offrir le sacrifice national, portait le nom de *roi*; et pourquoi enfin, chez les nations modernes, les princes chrétiens reçoivent, comme les rois hébreux, une consécration particulière, et ont même été appelés *les évêques du dehors*.

Le langage, expression de l'homme social, a commencé avec l'homme et s'est perfectionné avec la société. La différence des sexes est exprimée dans les substantifs ; la distinction des personnes, dans les verbes ; l'espèce de société domestique ou publique, dans le nombre singulier ou pluriel, *je*, *tu*, ou *nous*, réservés, l'un au langage de la famille, l'autre à celui du pouvoir public; et la constitution même de la société formée d'un pouvoir, d'un sujet, d'un ministre, lien de l'un et de l'autre, se trouve à découvert dans la construction de la phrase formée d'un régissant, d'un régime, et d'un mot-lien, verbe ou copule, qui les unit l'un à l'autre ; rapports d'autant plus remarquables, que l'ordre de ces trois parties de tout discours humain, appelé syntaxe, est naturel ou *analogue* dans les sociétés naturellement constituées, et *inverti* ou *transpositif* dans les sociétés qui ne le sont pas. Je m'arrête : cette théorie du discours, considérée comme expression de l'homme social, me conduirait trop loin ; j'en réserve pour d'autres temps, les développemens qui tiennent aux vérités sociales et même littéraires les plus importantes.

Les principes que nous venons d'exposer, conduisent à deux conséquences pratiques dont l'utilité n'échappera pas au lecteur.

1°. L'une que, dans son état social, l'être intelligent n'agit que *médiatement* et par des moyens, ministres, milieux, médiateurs, intermédiaires ; car toutes ces expressions sont synonymes. Cette proposition (1), sérieusement méditée et développée dans tous les rapports qu'elle présente, pourrait apprendre à quelques philosophes que le procès de la philosophie moderne contre la religion, qu'ils croient jugé sans appel, et perdu pour les chrétiens sans retour, est à peine commencé, et qu'il n'a, pour ainsi dire, été question encore, entre les parties, que de la compétence, parce que les uns voulaient porter l'affaire au tribunal de la raison, et que les autres en appelaient au tribunal de la foi. Il reste encore de bien hautes considérations à faire valoir en faveur de la

___

(1) Elle a été développée dans la *Législation primitive*.

religion;

religion ; « car, dit très-bien Ch. Bonnet, tou-
» tes les vérités morales sont enveloppées les
» unes dans les autres, et la méditation par-
» vient, tôt ou tard, à les en extraire ».

Mais le moment n'est peut-être pas encore
venu d'exposer, dans toute leur majesté, ces
grandes vérités : on ne peut tout au plus que
les indiquer aux esprits attentifs. Il est deux
époques dans l'âge d'une nation où il faut
craindre de fatiguer sa faiblesse par des ins-
tructions trop sérieuses et trop prolongées :
l'une, lorsqu'on berce son enfance avec des
contes de fées; l'autre, lorsqu'on endort sa
caducité avec des écrits licencieux et des systêmes absurdes, qui retardent les progrès de
la raison de l'homme, de tout ce dont elles
hâtent le développement de ses passions.

2°. L'autre conclusion que l'on doit tirer des
principes que nous avons exposés, est que la
famille étant l'élément de l'Etat, et l'Etat le
développement de la famille, et ces deux sociétés étant *semblables* dans leur constitution,
tout changement sera réciproque entre elles;
et tout déplacement de personnes dans l'une,
entraînera un déplacement de personnes dans
l'autre.

Ainsi la polygamie, qui est le despotisme
domestique, fortifie et entretient, par-tout où

G

elle est pratiquée, le despotisme politique, comme en Turquie, à la Chine, en Perse, etc. En Pologne, lorsqu'à l'extinction de la race des Jagellons, le pouvoir politique, envahi par une aristocratie puissante, déchut de sa constitution primitive, et reçut cette forme turbulente qui a prolongé sa faiblesse et causé sa ruine, le mariage cessa d'être respecté autant qu'il l'est dans les autres États catholiques; et c'est uniquement ce qui a fait croire à quelques-uns, et dire à quelques autres, que le divorce était permis en Pologne.

Après avoir exposé les principes constitutifs de la société domestique et de la société publique, nous avons acquis assez de données pour traiter la question du mariage, qui, chez des peuples civilisés, est un acte à-la-fois domestique et public.

CHAPITRE IV.

Du mariage.

Le mariage est l'engagement que prennent deux personnes de différent sexe, de s'unir pour former une société, appelée famille.

La philosophie moderne donne au mariage une autre fin. Dans l'état de perfection chimérique où Condorcet, dans son ouvrage posthume sur *les progrès de l'esprit humain*, suppose que les hommes seront parvenus un jour, attribuant ainsi à l'individu la perfection qui doit être dans la société, « les hommes, dit-» il, comprendront alors que s'ils ont quelque » obligation envers les êtres qui ne sont pas » encore, ce ne peut être de leur donner l'exis-» tence » : opinion mal sonnante, exprimée dans une phrase ridicule, et du même genre absolument que celle de ce militaire qui, chargé d'une exécution rigoureuse, répondait à un malheureux qui lui demandait la vie : « Mon ami, demande-moi tout ce que tu vou-» dras, excepté la vie ».

L'union de tous avec tous indistinctement, est la *promiscuité* des brutes; l'union successive d'un avec plusieurs, est la polygamie, la

G 2

répudiation, le divorce; l'union indissoluble d'un avec un, est le mariage chrétien autrefois, aujourd'hui catholique : toutes les formes de mariage se réduisent donc à unité d'union ou pluralité d'unions.

Ainsi, comme la *promiscuité* est l'union des êtres animés les plus imparfaits, des brutes; il semble que l'union indissoluble, qui est l'autre extrême, doit être l'union des êtres animés les plus parfaits, des hommes; et que les états intermédiaires entre ces deux états, seront plus ou moins parfaits, selon qu'ils se rapprocheront de l'un ou de l'autre : vérité universellement convenue, puisque les adversaires de l'indissolubilité ne lui reprochent que sa perfection.

Si le mariage humain est une union avec engagement de former société, il diffère essentiellement du concubinage, qui est une union sans engagement de former société, et plus encore du libertinage vague, qui est une union avec dessein de ne point former de société.

La fin du mariage n'est donc pas le bonheur des époux, si par bonheur on entend, comme dans une idylle, le plaisir du cœur et des sens, que l'homme amoureux de l'indépendance trouve bien plutôt dans des unions sans engagement.

La religion et l'Etat n'envisagent, dans le mariage, que les devoirs qu'il impose ; et ils ne le regardent que comme l'acte de fondation d'une société, puisque cette société à venir est, dans le sacrement, l'objet des bénédictions de la religion, et dans le contrat civil, l'objet des clauses que ratifie et garantit l'Etat.

Tout engagement entre des êtres intelligens et sensibles qui ont la faculté de vouloir et d'agir, suppose liberté dans la volonté, puissance dans l'action. Ainsi, là où il y a contrainte reconnue ou impuissance prouvée, il n'y a pas de mariage, parce qu'il n'y a pas d'engagement, et qu'il ne peut en naître de société. Ce sont deux empêchemens qu'on appelle *dirimans*, et auxquels tous les autres se rapportent.

Dès que l'engagement est valable, il ne peut y avoir de raison de le dissoudre, même pour cause de non survenance d'enfans.

Les motifs de l'indissolubilité sont pris de la société domestique et de la société publique, parce que le mariage est à-la-fois domestique dans son principe, et public dans ses effets.

1°. Le mariage est une société *éventuelle*, et la famille une société *actuelle*. La nature n'a pas fixé le terme de cette éventualité ; et lors

G 3

même que le mariage n'atteint pas son but
social, et que les enfans ne surviennent pas,
il n'y a pas de raison suffisante de rompre le
premier engagement pour en former un autre,
puisque la fécondité du second mariage est
tout aussi éventuelle que celle du premier.
Dès que l'enfant est survenu, le but est rempli, et la société, d'éventuelle, est devenue
actuelle.

Ainsi, tant que le mari et la femme n'ont
point d'enfans, il peut en survenir; et le mariage n'étant formé que pour les enfans à venir,
il n'y a pas de raison de rompre le mariage.
Lorsque les enfans sont survenus, le mariage a atteint sa fin, et il y a raison de ne
pas le rompre; car il est à remarquer que
l'impuissance ne se prouve pas contre la femme,
même dans le cas d'infécondité.

En un mot, la raison du mariage est la production des enfans. Or, en rompant un premier mariage pour en contracter un second,
la production devient impossible dans le premier, sans devenir plus assurée dans l'autre.
Donc il n'y a pas de raison de rompre le mariage; et, après tout, quelque disposition
qu'aient nos philosophes modernes à assi-
miler l'homme aux brutes, et quelque importance qu'attachent à la population ces grands

dépopulateurs de l'univers, ils n'oseraient sans doute soutenir que, dans les mariages humains, on doive, comme dans les haras, procéder par *essais*.

29. Les raisons contre le divorce, tirées de la société publique, sont encore plus fortes que celles qui sont prises de la société domestique.

Le pouvoir politique ne peut garantir la stabilité des personnes domestiques sans les connaître; de là la nécessité de l'acte civil, qui fait connaître l'engagement de l'homme et de la femme, et de l'acte de naissance, qui fait connaître le père, la mère et l'enfant.

Mais, et je prie le lecteur de faire attention à ce raisonnement, le pouvoir politique n'intervient par ses officiers dans le contrat d'union des époux, que parce qu'il y représente l'enfant à naître, seul objet social du mariage, et qu'il accepte l'engagement qu'ils prennent, en sa présence et sous sa garantie, de lui donner l'être. Il y stipule les intérêts de l'enfant, puisque la plupart des clauses matrimoniales sont relatives à la survenance des enfans, et que même il accepte quelquefois certains avantages particuliers, stipulés d'avance en faveur d'un enfant à naître dans un certain ordre de naissance ou de sexe; et témoin du lien qui doit

C 4

lui donner l'existence, il en garantit la stabilité
qui doit assurer sa conservation. L'engagement conjugal est donc réellement formé entre
trois personnes présentes ou représentées; car
le pouvoir public, qui précède la famille et qui
lui survit, représente toujours, dans la famille,
la personne absente, soit l'enfant avant sa naissance, soit le père après sa mort.

L'engagement formé entre trois, ne peut
donc être rompu par deux au préjudice du
tiers, puisque cette troisième personne est,
sinon la première, du moins la plus importante; que c'est à elle seule que tout se rapporte, et qu'elle est la *raison* de l'union sociale des deux autres, qui ne sont pas plus
père ou mère sans l'enfant, que lui n'est fils
sans elles. « Dans les sociétés ordinaires, di-
» sent les rédacteurs du Projet, on stipule pour
» soi; dans le mariage, on stipule pour autrui ».
Le père et la mère qui font divorce, sont donc
réellement deux forts qui s'arrangent pour dé-
pouiller un faible, et l'État qui y consent, est
complice de leur brigandage. Cette troisième
personne ne peut, même présente, consentir
jamais à la dissolution de la société qui lui a
donné l'être, puisqu'elle est toujours *mineure*
dans la famille, même alors qu'elle est majeure dans l'État; par conséquent, toujours

hors d'état de consentir rien à son préjudice : et le pouvoir politique, qui l'a représentée pour former le lien de la société, ne peut plus la représenter pour le dissoudre, parce que le tuteur est donné au pupille, moins pour accepter ce qui lui est utile, que pour l'empêcher de consentir à ce qui lui nuit ; ce qui fait qu'il peut acheter valablement au nom du pupille, et qu'il ne peut pas vendre.

Le mariage est donc indissoluble, sous le rapport domestique et public de société. Il est donc naturellement indissoluble ; car le naturel ou la nature de l'homme se compose à-la-fois de l'état domestique et de l'état public ; et il y a de quoi s'étonner, sans doute, d'entendre les rédacteurs du Projet de Code civil, dire que *le mariage n'est ni un acte civil, ni un acte religieux, mais un acte naturel ;* car si on entend par un acte naturel un acte physique, le mariage n'est qu'une rencontre d'animaux ; et si on entend autre chose, il n'est pas possible de deviner ce qu'on veut dire.

Le divorce est donc contraire au principe de la société ; nous prouverons, dans la suite de ce traité, qu'il est funeste dans ses effets sur la société.

CHAPITRE V.

De trois états de société ; imparfait, parfait ou naturel, corrompu ou contre nature.

LES êtres organisés qui ont une fin et des moyens extérieurs d'y parvenir, naissent dans un état de faiblesse de moyens, qui les empêche de parvenir à leur fin. Ainsi commencent l'homme et la société. C'est là l'état imparfait ; et il est imparfait, puisqu'il tend à un autre état meilleur et plus fort, et que l'être périt, s'il n'y parvient.

Le temps et les acquisitions développent ses moyens, et font successivement passer l'être à un état plus avancé. Ainsi la graine devient plante ; le fœtus devient homme, et un peuple sauvage devient civilisé.

Les uns font de leurs moyens développés l'usage le plus conforme à la fin pour laquelle ils sont, et parviennent à cet état qu'on appelle dans la plante, maturité ; dans l'homme, virilité et raison ; dans la société, civilisation : c'est l'état parfait ou naturel des êtres. Les autres tombent dans un état mauvais, ou parce que leurs moyens ne se sont pas assez développés, ou qu'ils ont dévié dans leurs développemens, ou enfin, parce qu'ils n'en font pas un usage conforme à leur fin. C'est pour l'homme, l'état d'infirmité corporelle et de faiblesse morale, qui, l'un ou l'autre, font de l'homme un grand enfant; ou l'état de force de corps et de désordre de volonté, qui fait de l'homme un méchant ou un *enfant robuste*, comme l'appelle Hobbes; c'est dans la société, l'état opposé à la civilisation. Cet état est mauvais, corrompu, contre nature.

Etat parfait, ou état naturel; état mauvais, ou état contre nature. Nous y reviendrons tout-à-l'heure.

L'homme individu a, pour parvenir à sa conservation individuelle, qui est sa fin, une volonté et des organes physiques, ministres ou moyens de sa volonté dans l'exécution de ses actions individuelles.

La société a, pour parvenir à sa fin, qui est sa conservation, des lois, qui sont sa volonté, et des personnes, moyens ou ministres des lois dans l'exécution de l'action sociale.

L'homme, dans l'état d'enfance ou imparfait, a une volonté faible comme ses moyens; tantôt il emploie beaucoup de force pour faire peu, tantôt il veut faire beaucoup avec peu de force.

L'homme, méchant ou fou, a une volonté

faible ou désordonnée, servie par des moyens forts : il détruit les autres êtres, il se détruit lui-même ; c'est l'état corrompu et mauvais.

L'homme perfectionné ou bon, a une volonté éclairée, et une action réglée par sa volonté. *La loi des membres ne s'élève pas contre celle de l'esprit*, et le corps est soumis à la raison comme le ministre au pouvoir, et le moyen à la cause.

La société naissante et dans l'état imparfait, a des lois faibles et une action faible ou violente, car violence est faiblesse ; c'est dans la famille la répudiation ou la polygamie, véritable despotisme domestique ; c'est dans l'État le despotisme politique qui « entraîne tout par » sa volonté et par ses caprices », dit Montesquieu. Tantôt il agit sans ministres, comme Clovis, qui fendait lui-même la tête à un soldat, ou Pierre Ier., qui décimait lui-même ses Strélitz ; tantôt le pouvoir est usurpé par ses ministres ; par les maires du palais, sous les rois de la première race, ou par les évêques, sous Louis-le-Débonnaire ; par les patriciens, comme en Pologne.

La société corrompue a une volonté désordonnée, ou des lois contre nature, et une action déréglée. Dans la famille, c'est le divorce qui dépose le père et lui arrache ses

enfans ; c'est l'infanticide qui fait périr les enfans par le père ; ce sont les amours infâmes :
dans l'Etat , c'est le peuple qui se déclare souverain. « Le peuple dans cet état, dit très-bien
» l'*Esprit des Lois*, a toujours trop ou trop
» peu d'action ; tantôt avec cent mille bras il
» rénverse tout, tantôt avec cent mille pieds
» il ne va que comme un insecte ». Ce peuple
détruit les autres peuples , il finit par se détruire lui-même : « Car s'il veut se faire mal
» à lui-même , dit le *Contrat-Social*, qui est-
» ce qui a le droit de l'en empêcher » ? A ces
traits on reconnaît la démocratie , et c'est Montesquieu et Rousseau qui l'ont nommée.

Dans l'état bon ou parfait de société , la volonté ou les lois sont parfaites, et l'action réglée
par la volonté. Le pouvoir est absolu , et non
pas arbitraire ; les ministres subordonnés, les
sujets soumis. Cet état de société tient aux lois,
et non aux personnes , et le faible Louis XIII ,
fesant juger à mort Montmorency , et refusant
sa grace aux larmes de toute la France , avait
un pouvoir moins arbitraire et plus absolu que
le fort Clovis , lorsqu'à Soissons , il fesait lui-
même justice d'un de ses soldats.

Ces trois états de société sont bien distincts
dans la société religieuse. L'action du culte
ou le sacrifice était imparfait dans la religion

(110)

judaïque, et la brute était immolée pour racheter l'homme.

Dans la religion chrétienne, l'action ou le sacrifice est parfait, puisque, selon les chrétiens, la victime est le plus parfait des êtres, et que, selon l'histoire, la société chrétienne est la plus éclairée, et par conséquent la plus forte des sociétés.

Dans la religion païenne, état de société mauvais et contre nature, l'homme même était immolé à la divinité, et les dieux même n'étoient que corruption et licence.

Ainsi, réduire en esclavage perpétuel son ennemi pris à la guerre, le tuer, lui rendre la liberté, forment la distinction de l'état imparfait, de l'état corrompu, de l'état parfait du droit des gens chez les chrétiens, et chez les peuples qui ne le sont pas.

La perfection des lois domestiques et publiques s'appelle civilisation.

Ainsi la civilisation est la perfection des lois et des mœurs, comme la politesse est la perfection des arts et des manières; car les manières sont un art, et les mœurs une loi.

Ainsi ces Grecs, qui avaient des sculpteurs si habiles, des sages si diserts, des courtisanes si maniérées, mais dont les lois permettaient la prostitution à la femme, le meurtre de l'enfant,

l'assassinat de l'esclave, les amours abominables, étaient un peuple poli sans être
civilisé ; et les Germains, avec leurs arts grossiers et leurs mœurs naturelles, telles que nous
les décrit Tacite, avaient un commencement
de civilisation, sans politesse.

L'état parfait d'un être est son état naturel,
puisque l'état naturel d'un être est celui où
son être est fini, accompli, et qu'à proprement parler, il n'*est* pas, tant qu'il n'y est
pas parvenu, et qu'il cesse d'être, s'il n'y parvient.

Ainsi l'état naturel ou parfait de la graine est
de devenir plante, du fœtus de devenir homme,
du peuple sauvage de devenir civilisé ; et la
graine, le fœtus et le peuple périssent, s'ils
ne parviennent point à cet état parfait.

L'état imparfait d'un être n'en est donc pas
l'état naturel, mais l'état natif ou *originel* ; et
cette distinction est fondamentale.

Ainsi la nature, en général, est l'ensemble
des lois parfaites des êtres, comme la nature
particulière d'un être est l'ensemble de ses
lois particulières ; et c'est une absurdité d'a-
voir fait de la nature le législateur de l'univers, lorsqu'elle n'en est que la législation.

C'est ici la grande querelle de la philosophie
moderne contre la raison. J. J. Rousseau place

l'état naturel de l'homme individu ou social, dans l'état natif ou imparfait. De là sa prédilection affectée pour les enfans, au moins pour ceux d'autrui, et son admiration insensée pour l'état sauvage. De là ces propositions dignes des Petites-Maisons : « l'homme qui pense est » un animal dépravé ; ... l'homme est né bon, » et la société le déprave ».

Ainsi l'état imparfait de l'être, est un état natif ou originel, mais l'état parfait ou naturel est un état acquis ou adventif, *adventitius*, qui veut dire survenu.

« Certains philosophes, dit très-bien le grand » Leibnitz, mettent la nature dans l'état qui a » le moins d'art, ne fesant pas attention, que » la *perfection* comporte toujours l'art avec » elle. »

Ainsi l'homme fait est plus naturel que l'enfant, l'homme savant plus que l'ignorant, l'homme vertueux plus que l'homme vicieux, l'homme civilisé plus que l'homme sauvage. De là vient qu'il n'y a rien qui donne plus de peine à acquérir que le naturel dans les ouvrages d'esprit ; et que, dans les lois comme dans les arts, dans les mœurs comme dans les manières, le faux, le mauvais, *l'innaturel*, se présente de lui-même à notre esprit. *Verùm,* dit Quintilien, *id est maximè naturale quòd natura*

natura fieri optimè patitur ; reconnaissant ainsi
que l'état naturel est un état-à-la-fois acquis
et parfait, *fieri optimè.*

Ainsi la raison place aussi l'état imparfait dans
l'état originel ou natif.

La nature et l'art ne sont donc pas opposés l'un à l'autre, et cette figure oratoire, transportée dans la législation, y a produit de déplorables erreurs.

On a cru qu'il y avait des lois *naturelles ,*
comme il y a des besoins *naturels ;* et J. J.
Rousseau a été jusqu'à dire : « Ce que Dieu
» veut que l'homme fasse , il ne le lui fait pas
» dire par un autre homme, il le lui dit lui-
» même , et l'écrit au fond de son cœur » ;
et l'on n'a pas vu que si les lois même les plus
naturelles, étaient naturelles dans ce sens,
l'homme ne manquerait pas plus aux lois de
la société qu'aux lois de la digestion. De cette
idée de lois *naturelles écrites par Dieu même
au fond de nos cœurs ,* on a conclu des lois
artificielles , écrites par des hommes sur le mar-
bre et l'airain , qu'on a appelées *positives,* et
l'on a regardé celles-ci comme moins obligatoires que celles-là. Ainsi, *honore ton père* a
été une loi *naturelle ;* et *honore le pouvoir
politique* a été une loi *positive ;* et souvent
l'on a vanté les vertus naturelles d'hommes ou

H

de sectes qui manquoient aux devoirs publics,
et qui, dans le mariage, par exemple, fesaient
un crime d'une infidélité, et du divorce un
devoir ou du moins une bonne action.

D'un autre côté, comme on a appelé exclusivement *naturelle* la religion des familles
primitives, et exclusivement aussi *révélée*, la
religion de l'Etat, on en a conclu que la religion patriarcale ou primitive était seule naturelle, et que la religion de l'Etat était *ar-
tificielle, et la religion des prêtres.*

Osons donc, sinon réformer, du moins
éclaircir ce langage équivoque, et disons : que
la religion *naturelle* ou domestique était naturelle à l'homme des familles primitives, considérées avant tout état public de société, et que
la religion révélée ou publique, est naturelle
à l'homme de la famille considérée dans l'état
public. Disons : que la religion domestique a
été révélée par la parole, et la religion publique révélée par l'écriture; parce que tout
ce que l'homme sait sur ses devoirs, même
religieux, lui vient par révélation, c'est-à-dire,
par la parole qui lui transmet l'expression de
ses propres idées. C'est là la sublime doctrine
de saint Paul, véritable apôtre des nations,
puisqu'il enseigne la science de la société. Il
dit bien, comme J. J. Rousseau, que nous

portons une loi écrite au fond de nos cœurs, *lex scripta in cordibus nostris*; mais loin de dire comme lui, « ce que Dieu veut que » l'homme fasse, il ne le lui fait pas dire par un » autre homme », saint Paul dit expressément : « que la connaissance vient de l'ouïe, et que » l'homme ne peut pas entendre si on ne lui » parle» : *Fides ex auditu; quomodo audient sine prædicante ?* Ce qui veut dire que nous avons, en nous, comme naturelles, les connaissances nécessaires à notre bonheur ; mais que, pour être perceptibles à notre propre esprit, elles ont besoin d'être revêtues d'expressions, comme les corps, pour être visibles, ont besoin de lumière sensible à nos yeux ; différence essentielle d'avec les brutes, qui entendent aussi la parole, qui la répètent quelquefois, mais qui n'y attachent aucune idée, parce qu'elles n'ont pas des idées, et n'ont tout au plus que des images.

Disons que la législation positive ou politique est aussi naturelle que la législation dite *naturelle*, parce que l'État est aussi naturel à la conservation des familles, que la famille elle-même à la propagation de l'homme ; et que nulle part on n'a vu l'homme naître sans famille, ni les familles se conserver sans former un État public. Disons, que les lois ne sont

H 2

pas naturelles, parce que *Dieu les a écrites au fond de nos cœurs;* ni artificielles, parce qu'elles sont promulguées par l'homme; mais que les lois domestiques ou publiques sont naturelles quand elles sont parfaites ou conformes aux rapports naturels des êtres, et que toutes les lois bonnes, parfaites, naturelles, données aux hommes, émanent de Dieu comme raison suprême et volonté générale, et sont annoncées par un homme comme organe de ses volontés, et moyen de leur transmission à l'homme.

Ainsi donc, si l'on fesait un traité de législation générale (1), au lieu de suivre ces définitions obscures et équivoques de lois naturelles et positives, de droit naturel et positif, on distinguerait les lois en lois domestiques et en lois publiques, en lois religieuses et en lois politiques, en lois bonnes ou naturelles, et en lois mauvaises et contre nature; et l'on dirait avec Cicéron : « Ce n'est que dans la na- » ture que se trouve la règle qui sert à distin- » guer une loi bonne de celle qui ne l'est pas»; *legem bonam à malâ, nullâ aliâ nisi* naturali *normâ, dividere possumus.*

_____

(1) C'est ce que l'auteur a essayé de faire dans la *Législation primitive.*

Les lois naturelles sont celles du *commen-*
cement , puisque les rapports entre les êtres
dont elles sont l'énoncé, sont aussi anciens que
les êtres eux-mêmes; elles sont encore les lois
de la *fin*, puisque les êtres ne peuvent parvenir à leur fin qu'en s'y conformant; elles
sont l'*alpha* et l'*omega* des êtres; et c'est dans
ce sens que Jésus-Christ appelle la loi de l'indissolubilité conjugale, « la loi du commence-
» ment » : *Ab initio non fuit sic.*

Une société ne peut pas plus rester dans
l'état imparfait que l'homme rester enfant. L'un
et l'autre avancent toujours vers *la consomma-*
tion, et le seul état stationnaire est l'état fini,
parfait ou naturel.

La raison conçoit qu'un peuple passe de
l'état imparfait à l'état parfait; c'est la loi de la
nature et la marche des êtres. La loi de la répudiation permise aux Juifs a fait place à l'indissolubilité chrétienne, et leur sacrifice au sacrifice des chrétiens. Ainsi, en France, le pouvoir arbitraire sous Clovis est devenu absolu
sous Philippe-Auguste. Cette théorie de l'état
imparfait ou légal, qui précède l'état parfait,
et qui, faible et inutile pour la fin de la société, est rejeté et changé en un meilleur état,
est admirablement exposée dans les Épîtres
de saint Paul aux Romains et aux Hébreux.

Nihil enim, dit-il, *ad perfectum adducit lex!... reprobatio quidem fit præcedentis mandati, propter infirmitatem ejus et inutilitatem.*

Si l'état imparfait n'aboutit pas à l'état parfait, il se change en l'état mauvais. Les Grecs et même les Romains passèrent du despotisme de leurs premiers rois au gouvernement populaire, et de la répudiation au divorce; comme leurs ancêtres avaient passé de la religion naturelle à l'idolâtrie. Mais une société qui ne saurait, sans périr, demeurer dans l'état imparfait, peut encore moins stationner dans l'état mauvais opposé à sa fin naturelle, objet de la tendance constante de tous les êtres. « Car, dit très-bien J. J. Rousseau, si le légis-
» lateur se trompant dans son objet, établit
» un principe différent de celui qui naît de la
» nature des choses, l'Etat *(société)* ne cessera
» d'être agité jusqu'à ce qu'il soit détruit ou
» changé, et que l'invincible nature ait repris
» son empire ».

Ainsi les Juifs ne pouvaient rester sous l'état imparfait de leur religion, sans tomber à tout moment dans les derniers excès de l'idolâtrie. Sur la fin de leur existence en corps de nation, la secte des Pharisiens avait altéré le culte avec ses traditions, et celle des Sadducéens, ruiné le dogme avec ses opinions; et ce qu'il y a de

véritablement merveilleux chez ce peuple, est
de le voir aujourd'hui avec une religion sans
ministres, et un culte sans sacrifice, lui dont
le culte n'était que sacrifices, et dont les ministres fesaient une partie si considérable de la
nation, demeurer stationnaire dans cet état
plus qu'imparfait, et rejetant le christianisme,
se préserver également de l'athéisme et de
l'idolâtrie ; état extraordinaire, surnaturel,
même aux yeux d'une raison éclairée, puisqu'il est opposé à la nature ou aux lois des
êtres en société.

Le passage de l'état imparfait de société à
l'état parfait est praticable, puisqu'il a été pratiqué ; et il est naturel à l'homme, puisque
les peuples du Nord, de qui descendent les
peuples modernes, ont tous passé de l'état
imparfait et grossier de leur religion naturelle, et de leur société polygame ou despo-
tique, au christianisme, à la monogamie et
à la monarchie.

Mais lorsqu'une nation est parvenue à l'état
parfait, *et qu'elle a goûté le don céleste des
lois naturelles,* elle ne peut en déchoir sans
tomber dans le dernier degré de misère et
d'avilissement, parce que cette marche ré-
trograde est contraire à toutes les lois de la
nature des êtres, et à toutes les perceptions

H 4

de la raison. Ainsi la Pologne, à l'extinction
de la race des Jagellons, retombée dans l'état
imparfait de société politique, et bientôt après
de société religieuse et même domestique,
après trois siècles de langueur et de convul-
sions, a été, *du moins pour un temps*, effacée
du rang des nations. La France, tombée dans
la démocratie royale de 1789, est descendue
jusqu'à la démagogie vile et sanglante de 1793;
et qui oserait arrêter sa pensée sur les suites
probables de ce délire révolutionnaire, si le
principe de vie, que quatorze siècles de constitution avaient donné à cette société, ne l'eût
retirée de l'abîme de la honte, de la corruption et du malheur ?

Ainsi une nation décline et périt, lorsqu'elle
déchoit de l'état parfait; et une nation ne fait
que végéter et languir, tant qu'elle ne peut
parvenir à l'état parfait de législation; témoins
les peuples orientaux, Turcs, Chinois, Per-
sans, Indiens, les plus faibles de tous les peuples; car pour le vrai Tartare, il est le plus
fort de tous ceux qui ne sont pas chrétiens :
parce que sa constitution politique est naturelle, sa religion plutôt imparfaite que corrompue, et que, chez lui, la politesse n'a pas
précédé la civilisation; peuple toujours jeune,
tant qu'il n'est pas établi, et qu'il habite sous

les tentes, où commencent et recommencent
toutes les nations, et même celles qui ont fini
dans les boudoirs et sur les théâtres.

Il n'y a donc de repos pour un peuple que
dans l'état parfait de société ; là seulement est
sa véritable force, parce que la force est dans
la stabilité, et que la stabilité ne peut se trouver
que dans l'état fini ; et quoiqu'aucune société
ne soit dans cet état accompli, non plus qu'aucun homme, on peut remarquer dans le monde
social, plus de lumières, de vertus, de force et
de fixité chez les chrétiens que chez les autres
peuples, et même en Europe plus de désin-
téressement, de grandeur et de sobriété, plus
de progrès dans les arts de la pensée, de véritable force enfin, et de fixité chez certains peuples que chez quelques autres.

Le passage de l'état imparfait à l'état parfait, se fait sans effort, parce qu'il est naturel.
Le christianisme, objet de persécution dans
l'Empire romain, n'y fut point sujet de trouble.
La conversion des Francs ne produisit pas de
guerre civile. Celle de plusieurs milliers de
Chinois n'en a point suscité à la Chine ; mais
le retour d'un état meilleur à un état moins
bon, ne se fait pas sans trouble et sans dé-
chirement, parce qu'il est contre la loi de la
nature.

Là, et là seulement est la véritable raison de la décadence des nations, ou de leur élévation. La vicissitude des choses humaines, sur laquelle on débite des lieux communs depuis tant de siècles, est une idée vraie, sans doute, si on l'entend de la tendance naturelle et nécessaire qu'ont tous les êtres créés à parvenir à cet ordre naturel après lequel ils soupirent, et dans qui seul ils peuvent trouver le repos ; *omnis creatura ingemiscit;* mais idée fausse et même impie, si on l'entend d'une nécessité de changement aveugle et inévitable, *ferrea necessitas*, qu'on offre quelquefois comme une consolation aux malheureux qu'on a faits : comme si quelque événement pouvait, sous la loi de la raison suprême, n'être subordonné à aucune loi, et n'avoir aucune raison ; et que l'instabilité pût être nécessaire dans la créature, lorsque la volonté du créateur est immuable.

Les Assyriens, les Mèdes, les Romains, les Grecs ont péri, parce qu'ils ont passé de l'état imparfait des peuples naissans, à l'état corrompu des peuples dégénérés. Les peuples du Nord subsistent encore en Europe, plus forts qu'à leur établissement, parce qu'ils ont passé de l'état imparfait de société à l'état parfait ; et la plus extrême faiblesse n'a succédé chez les Turcs à cet accès de délire, qui les rendit un moment l'effroi de la chrétienté, que parce qu'ils n'ont pas pu sortir de l'état imparfait de la polygamie, du despotisme et du déisme.

Ces grandes leçons de l'histoire doivent être mieux comprises aujourd'hui : la France les a, en quelque sorte, résumées dans la dernière expérience qu'elle a faite sur elle-même; et il serait affreux pour une nation de périr quand elle a, *en mangeant le fruit défendu,* acquis la science du bien et du mal, et que le choix en est dans les mains de ceux qui la gouvernent.

Les principes des deux sociétés, domestique et publique, sont semblables : les effets seront semblables dans l'une et dans l'autre. Nous avons cherché les principes dans la constitution des sociétés, nous allons observer les effets dans leur histoire. Elle est liée inséparablement à celle du divorce, et doit jeter le plus grand jour sur cette question.

CHAPITRE VI.

De la société chez les Juifs.

LA pluralité d'unions ou la polygamie (1) ; soit éventuelle, par la faculté de la répudiation, comme chez les Juifs : soit actuelle, par la cohabitation, comme chez les Turcs, peut être tolérée pour des familles dans cet état purement domestique de société, qui précède tout établissement public, et qu'on a appelé l'*état patriarcal*, ou lorsque récemment sorties de cet état, elles en ont retenu les habitudes ; parce que la multiplication de l'espèce, que la polygamie favorise seulement à cet âge de la société, peut convenir à une peuplade qui tend à s'élever à la force et à la dignité d'une nation.

Cette loi n'est pas contre la, nature physique, puisqu'elle n'empêche pas la reproduction des êtres, et que plusieurs enfans peuvent naître d'un seul père et de plusieurs mères ;

---

(1) Polygamie, monogamie, ne signifient pas pluralité de femmes, unité de femmes, quoique l'usage leur donne cette acception ; mais pluralité ou unité de mariage, et, dans ce sens, une femme peut être polygame.

mais cette loi est imparfaite sous les rapports
moraux , parce qu'elle rompt l'unité morale
ou l'union des cœurs , en mettant plusieurs
sociétés dans une famille , et plusieurs intérêts dans une maison.

Cependant la polygamie , qui n'est qu'imparfaite dans l'état naissant de société , devient
mauvaise dans l'état avancé , parce qu'à cet âge
d'une nation, la communication des deux sexes
devenue plus fréquente par le rapprochement
des familles , et moins innocente par le goût
des plaisirs et le progrès des arts , qui suit
ceux des richesses , allume la passion de l'a-
mour ; passion sans danger chez un peuple
naissant , parce qu'elle y suit l'union des sexes ;
mais passion terrible lorsqu'elle la précède ,
comme chez un peuple avancé , où elle change
la faculté de la répudiation en un trafic d'a-
dultères , et la polygamie en une geole barbare où l'on mutile les hommes pour veiller
sur les femmes ; état alors contre la nature de
l'être , même physique , qui produit l'oppression de l'humanité , l'abandon de l'enfance ,
et même , comme l'observe l'auteur de l'*Esprit des Lois*, les amours contre nature , et il
en cite des exemples remarquables ; état , par
conséquent , opposé à la nature ; et les Turcs
ne périssent que parce qu'ils s'obstinent à retenir,

dans l'état de nation, une loi qui n'est sup-
portable que dans l'état de famille, considéré
avant toute nation.

Dans cet état originel de société, ou voisin
de l'état originel, comme la population est
un besoin, la stérilité est un fléau ; elle y est
même un opprobre, et tout ce qui peut altérer
l'union y est un tort. L'homme renvoie la
femme pour cause de stérilité, et même pour
cause de déplaisance, *propter fœditatem.* C'est
la loi des Juifs (1), loi évidemment dirigée
toute vers la multiplication du peuple, loi convenable, par conséquent, à l'enfance d'une
nation ; et ce qui le prouve est qu'encore aujourd'hui, chez les Sauvages, comme autrefois
chez les Juifs, et pour la même raison, le
frère épouse la veuve de son frère. Arrêtons-
nous un moment sur la loi de la répudiation,
dont les novateurs se sont autorisés pour établir le divorce.

La loi qui permet la répudiation est une loi

─────────────

(1) La loi de Moïse condamnait à la mort une femme
adultère. C'était un acte d'humanité, de la part du mari,
de se borner à la répudier, lorsqu'il aurait pu l'envoyer
au supplice. M. l'abbé Bergier, qui fait cette réflexion,
suppose, qu'alors comme aujourd'hui, la loi ne punissait
pas deux fois pour le même crime. *Non bis in idem.*

imparfaite , qui considère le mariage plutôt comme le rapprochement des corps, que comme le lien des cœurs , puisqu'elle le dissout pour des infirmités corporelles. Elle est même une loi dure , puisqu'elle punit une femme des torts de la nature ; qu'elle lui ôte son existence sociale , dans l'espoir incertain d'une union plus féconde ; ou enfin parce qu'elle rejette sur elle seule le malheur d'une union stérile , dont la faute peut être imputée à son époux , et n'est même jamais prouvée contre la femme.

Mais cette loi n'est pas contre la nature des êtres en société , c'est-à-dire , qu'elle n'est pas destructive des rapports naturels du pouvoir et des subordonnés , puisqu'elle laisse exclusivement dans l'homme l'attribut essentiel du pouvoir , le droit de discuter les actions de la femme et de les juger , et qu'elle ne sépare pas les enfans de leur père. Ce pouvoir dans l'homme est même excessif, et porté jusqu'au despotisme ; et l'on peut observer ici qu'à la naissance de la société domestique , comme à celle de la société publique , le pouvoir est toujours moins réglé et plus violent.

On voit donc le motif de la répudiation chez les Juifs , loi imparfaite , et qui n'*était que pour un temps* , *comme tout ce qui est imparfait* , mais loi qui n'était pas mauvaise ou contre nature; et même l'on est porté à croire, avec un grand nombre d'interprètes, que la répudiation, chez les Juifs, n'était qu'une séparation *à mensa et à thoro*, qui permettait à l'homme, et non à la femme, de contracter une autre union; puisque la loi du *Deutéronome* appelle la femme renvoyée qui a passé à de secondes noces, *souillée et abominable devant le Seigneur*. Joseph dit expressément, liv. XV, chap. XI, que les lois ne permettent pas même aux femmes répudiées de se remarier sans le consentement de leurs maris. Mais cette discussion n'est ici d'aucun intérêt,

Chez un peuple naissant, la loi de la répudiation, purement facultative, n'a pas de dangereuses conséquences, parce qu'on en use peu, et que la famille menant une vie champêtre, isolée des autres familles, occupée de travaux plus sains, et nourrie d'alimens plus salubres, il y a dans les deux sexes, moins de ces desirs qui provoquent la répudiation, ou de ces infirmités qui la justifient. A cet âge de la société, la passion dominante de l'homme n'est pas la volupté, et le mari considère sa femme par les services qu'il en retire, plutôt que par ses avantages extérieurs. Cette observation se vérifie à nos yeux dans les classes inférieures,

inférieures, où le peuple est toujours au premier âge de la société. Généralement, plus un
peuple vit dans l'état domestique, plus les
femmes y sont dépendantes et même asser-
vies. Le Sauvage laisse à sa femme tous les
travaux pénibles. Il en était de même chez les
Germains : et encore dans quelques provinces
méridionales de la France, soumises à la loi
romaine, où les rapports des personnes domestiques sont plus marqués, le même paysan
qui ne voit le divorce qu'avec horreur, croiroit
manquer à l'étranger qu'il honore et qu'il reçoit chez lui, s'il fesait asseoir sa femme à la
même table.

Mais à mesure que la société judaïque passa
de l'état domestique à l'état public, la loi de
la répudiation lui convint moins, parce qu'on
en usa davantage. Peu-à-peu, cette condescendance du législateur produisit un libertinage effréné. « On lit dans le *Synopse des*
» *Critiques*, dit l'abbé de Rastignac, que Naa-
» man fit publier par un héraut : *Quelle femme*
» *aurai-je chaque jour, ou pendant mon sé-*
» *jour ici ?* » L'école du rabbin *Hillel* enseigna
qu'un homme pouvait répudier sa femme pour
avoir laissé brûler son bouillon ; et le rabbin
Akiba, qui eut jusqu'à quatre-vingt mille disciples, enseigna que le mari pouvait renvoyer

I

sa femme, uniquement parce qu'il en trouvait
une plus belle, ou même sans aucun prétexte.
Mais dans la famille, comme dans l'Etat, l'abus
du pouvoir en prépare la chute : l'excès de la
répudiation amena le divorce réciproque ; la
loi donnait au mari le pouvoir de répudier sa
femme, la femme usurpa, à la fin, le pouvoir
de répudier son mari (1), et le premier exemple
en fut donné par Sacome, sœur d'Hérode-le-
Grand, « laquelle, dit Josephe, liv. XV, en-
» voya le libelle de répudiation à Corsobare,
» Iduméen, son époux, contre l'usage de nos
» lois, qui ne donnent ce pouvoir qu'aux maris.»

Le gouvernement de la famille fut donc,
chez les Juifs, d'une sévérité qui allait jusqu'à
la dureté : et remarquez aussi que le gouvernement de ce peuple par Dieu même, fut aussi
d'une extrême sévérité, et que ce n'était que
par de sanglantes exécutions, et en le livrant
à tous les fléaux, qu'il retenait dans le devoir
cet esclave toujours prêt à se révolter.

La loi mosaïque ne consacra pas moins le
pouvoir paternel que l'autorité maritale. Cette
loi, souvent imparfaite, mais toujours naturelle, en donnant au père de famille une

_____

(1) Jésus-Christ reproche à la Samaritaine d'avoir eu
cinq maris.

autorité absolue sur ses enfans, prévenait le dan»
ger d'un usage arbitraire de l'autorité, et la
fortifiait également par les droits qu'elle lui attribuait, et par ceux qu'elle réservait au pouvoir
public. Ainsi, elle donnait au père de famille
le pouvoir de répudier sa femme, et le pouvoir plus terrible d'exhéréder un enfant ingrat
des bénédictions paternelles. Mais, plus sage
que les lois païennes, cette loi, qui défendait
de faire cuire le chevreau dans le lait de sa
mère, n'avait garde de permettre au père de
verser le sang de son fils; et elle réservait au
pouvoir public le droit de punir de mort la
femme adultère et l'enfant rebelle. Les rapports naturels entre les personnes domestiques
furent donc conservés par la loi mosaïque; les
mœurs, qui sont les lois domestiques, furent
donc bonnes chez ce peuple, et elles le sont
encore aujourd'hui que les mœurs des familles
juives ne sont plus sous la protection de leurs
lois.

J'ai insisté à dessein sur la différence qu'il
y a de la répudiation au divorce mutuel, et
d'une loi imparfaite à une loi vicieuse et contre nature; parce que cette différence, essentielle, fondamentale, n'a pas été assez sentie.
La répudiation conserve au mari le pouvoir
naturel de juger la femme et de la condamner

au renvoi ; *et elle est toujours un acte de juris-*
diction, même lorsqu'elle n'est pas un acte
de justice. Le divorce réciproque donne à la
femme jurisdiction sur le mari, en lui attribuant le pouvoir de le juger et de le condamner, soit qu'elle provoque le divorce, ou seulement qu'elle le ratifie. Aussi, parce que la
femme est plus faible, elle use plus fréquemment de ce pouvoir usurpé. Le divorce est provoqué par les femmes, plus souvent que par
les maris, et, selon madame Necker, « la con-
» fédération des femmes qui sollicitent le di-
» vorce est très-nombreuse. » M. de Montesquieu a senti la différence de la répudiation
au divorce ; mais ce qu'il en dit ici n'est pas
plus exact que ce qu'il a écrit ailleurs sur cette
matière. « Il y a, dit-il, cette différence entre
» le divorce et la répudiation : le divorce se
» fait par un consentement mutuel, à l'occa-
» sion d'une incompatibilité mutuelle, au lieu
» que la répudiation se fait par la volonté et
» à l'avantage d'une des parties, indépendam-
» ment de la volonté et de l'avantage de l'au-
» tre. » Cette définition, où l'auteur suppose
qu'il y a deux volontés dans la famille, et par
conséquent qu'il y a deux pouvoirs, n'est pas
exacte, puisque le divorce peut être obtenu,
et l'est fort souvent sans le consentement, et

même malgré l'opposition d'une des parties, sans qu'elle trouve d'incompatibilité à vivre avec l'autre, et souvent même lorsqu'elle mettrait son bonheur ou du moins son devoir à la supporter.

On doit tirer cette conclusion de la différence réelle que nous venons d'établir entre la répudiation et le divorce mutuel, et de la raison naturelle sur laquelle elle est fondée, que Dieu, qui tolérait chez les Juifs une loi imparfaite, ne lui aurait pas permis une loi contre nature, comme un père qui ferme les yeux sur les légèretés d'un enfant, mais punit sa désobéissance.

CHAPITRE VII.

De la société chez les Orientaux, les Grecs et les Romains.

La pluralité simultanée des femmes était reçue chez les Asiatiques, comme elle l'est encore ; car ce peuple enfant n'a jamais pu sortir de l'état imparfait. Mais, ainsi que je l'ai déjà observé, cette forme de mariage porte à l'excès le pouvoir du mari et la dépendance de la femme. Ce despotisme domestique s'accorde donc avec le despotisme politique, et le

despotisme politique maintient et fortifie le despotisme domestique. C'est ce qu'on a vu dans
tous les temps en Orient ; c'est ce qu'on y
voit encore ; et il y a toujours eu des esclaves
dans la famille, et des esclaves dans l'Etat.
Les enfans, en Egypte, n'osent pas s'asseoir
devant leur aïeul, tandis que le peuple tremble
devant les beys ; et c'est uniquement l'excès
du pouvoir domestique, qui, dans ce malheureux pays, ainsi qu'autrefois à Rome, maintient les familles sous quelque forme d'état
public de société.

Soit que la faculté mutuelle du divorce ait
été la cause du gouvernement populaire, ou
qu'elle en ait été l'effet, il est certain que le
divorce mutuel, véritable démocratie domestique, qui donne à la partie faible de la société
jurisdiction sur la partie forte, et même le
droit de la déposer, pour transporter ailleurs
le pouvoir, se retrouve chez les Grecs avec la
démocratie publique ou politique, qui attribue
au peuple le pouvoir souverain, et la faculté
de le déléguer : car le peuple, comme la
femme, ne fait divorce d'avec le pouvoir, que
pour passer à un second engagement ; et lorsque
Dieu, dans l'Ecriture, reproche au peuple juif
de vouloir renoncer à son alliance, il ne l'appelle jamais que le peuple *adultère.*

Ce fut donc dans la démocratie d'Athènes
où, pour la première fois, les lois de Solon
permirent le divorce à la femme, que peut-
être elle se permettait avant la loi. Ce peuple
enfant, comme l'appelle Platon dans le *Timée*,
et chez lequel, dit-il, il n'y eut jamais de
vieillards, parce qu'il n'avança jamais dans la
vie sociale ; ce peuple, dans sa vaine sagesse,
qu'il chercha toujours hors de la nature, *Græci
sapientiam quærunt*, dénatura tout dans la
société domestique, politique et religieuse.
Il porta dans la famille la loi du divorce mutuel, et celle des amours abominables : *Mihi
quidem hæc in Græcorum gymnasiis nata con-
suetudo videtur, in quibus isti liberi et con-
cessi sunt amores*, dit Cicéron. Il enseigna
l'athéisme à l'Univers :

Primùm Graius homo mortales tollere contra
Est oculos ausus ;

dit Lucrèce. Il fit passer le pouvoir politique
aux mains du peuple, et il abolit l'unité de
pouvoir, à cause des vertus de Codrus : en cela,
bien moins raisonnable que les Romains, qui
prirent au moins pour prétexte les vices de
Tarquin. Enfin, avec ses arts et ses lettres,
il perdit tout dans les mœurs et dans les lois,
comme le lui reprochait le vieux Caton : *Gens
ista quoties litteras suas dabit, omnia perdet.*

A mesure que l'on avance dans l'histoire du
monde, on retrouve souvent ensemble les
mêmes désordres domestiques, politiques et
religieux : car tout à-la-fois se dénature dans
l'homme.

Ainsi, dans les démocraties italiennes du
moyen âge, les mœurs infâmes des Grecs s'ap-
perçoivent à côté de la turbulence de leurs institutions politiques. Ainsi, la philosophie n'a
pu soulever les peuples contre leurs chefs,
sans soulever les femmes et les enfans contre
les maris et contre les pères, les hommes
contre Dieu, et même sans autoriser les désordres les plus monstrueux ; et l'on peut en
voir la preuve dans l'ouvrage posthume de
Condorcet. « Alors, dit le *Projet de Code*
» *civil*, on renverse le pouvoir des pères,
» parce que les enfans se prêtent davantage
» aux nouveautés; l'autorité maritale n'est pas
» respectée, parce que c'est par une plus grande
» liberté donnée aux femmes, que l'on par-
» vient à introduire de nouvelles formes et un
» nouveau ton ».

Mais les hommes s'écartent de la nature, et
ne peuvent la détruire : même chez les Grecs,
les termes qui exprimaient le divorce et les
formes qu'il fallait suivre pour l'obtenir, con-
servèrent quelques traces de la supériorité

naturelle du mari et de la dépendance naturelle de la femme, du pouvoir que l'un avait
de répudier, et du crime que l'autre commet-
tait en brisant de ses propres mains le nœud
conjugal. Le divorce demandé par le mari,
s'appelait *renvoi*; demandé par la femme,
abandon; et la loi qui soumettait la femme
lorsqu'elle provoquait le divorce, à la céré-
monie humiliante de présenter elle-même sa
requête au magistrat, n'imposait pas à l'époux
la même condition. Ce qui prouve l'étroite
liaison du divorce mutuel avec la démocratie,
est que le divorce ne fut en usage que chez les
Athéniens; et qu'à Sparte, où le peuple n'a-
vait point de part au pouvoir, il n'était pas
permis aux femmes de quitter leurs époux. Aucune loi, dans le code de Lycurgue, n'autorise
le divorce mutuel. Les Grecs, dans les temps
héroïques ou monarchiques, ne le connaissaient pas. *Gronovius* le conclut, avec raison,
d'un passage d'Euripide, dans sa *Médée* (1);
et la guerre de Troie eût été sans objet, si

_____

(1) *Non enim honesta sunt divortia mulieribus, neque
licet mulieri abdicare maritum.* (Euripid. Medea, v.
230.) L'expression *abdicare* est remarquable : comme si
une femme qui divorce abdiquait réellement le pouvoir
sur elle-même, et devenait l'esclave de ses passions.

Hélène eût pu, à la faveur d'un divorce, aban-
donner son premier époux, pour s'attacher à
son nouvel amant.

Le pouvoir paternel suivit, chez les Grecs,
comme il suit par-tout, la fortune du pouvoir
marital ; il fut nul à Athènes, et d'autant plus
fort à Sparte, que chaque enfant comptait autant de pères que de vieillards. Ainsi, dans
l'une et dans l'autre cité, le pouvoir domestique, qui se compose de l'autorité maritale et
de l'autorité paternelle, fut constitué comme
le pouvoir public : constitutions opposées, qui
produisirent le plus turbulent, le plus frivole,
le plus faible, quelquefois le plus cruel des
peuples de la Grèce, ou le plus grave, le plus
sage et le plus fort.

A Rome, la famille commença par la répudiation, comme l'Etat par le despotisme ; car,
ainsi que l'observe très-bien M. de Montesquieu, les anciens ne connaissaient pas d'Etats
fondés *sur aucune loi fondamentale.* Mais après
que, par la violence des derniers rois, ou plutôt par l'ambition de quelques sénateurs, l'Etat
fut tombé dans le gouvernement de plusieurs,
ou dans l'aristocratie, en attendant qu'il tombât
dans le gouvernement de tous, ou dans l'anarchie
démagogique, le glaive, attribut essentiel du
pouvoir conservateur de la société, passa ou

resta dans la famille; et même une loi de Va-
lérius Publicola, ôta au magistrat le pouvoir
de condamner à mort un citoyen. Le père eut
droit de vie et de mort sur son fils, le mari
sur sa femme, le maître sur l'esclave, quelquefois même, et dans les momens de troubles civils, le citoyen sur le citoyen. Le pouvoir domestique usait même dans la famille
du droit affreux d'ôter la vie à l'enfant : car ce
n'était pas assez pour l'enfant que le père lui
eût donné la vie, il fallait que le pouvoir paternel lui permît d'en jouir. L'enfant naissant était
mis aux pieds du despote, qui, en le levant de
terre, lui permettait de vivre (et de là vient
notre expression, *élever un enfant*); et le père
condamnait à la mort un enfant innocent, lorsque le magistrat ne punissait que par l'exil le
sujet coupable.

La pauvreté des premiers Romains, leur
vie champêtre, ce terrible pouvoir du père de
famille, y maintinrent quelque temps les mœurs
privées contre des lois ou mauvaises ou imparfaites. La répudiation y fut même inconnue
pendant plusieurs siècles, parce que tous les
prétextes de renvoi, et même toutes les causes
sont plus rares chez un peuple simple et agri-
cole. Mais à mesure que la nation s'agrandit et
se forma, l'insuffisance de cette constitution

imparfaite de pouvoir domestique et public se
fit sentir, et presque en même temps, dans la
famille et dans l'Etat. La même révolution sé-
culaire (les siècles sont les années de la société) vit la dissolution du lien conjugal par
l'exemple qu'en donna Carvilius Ruga, qui ré-
pudia sa femme l'an 523 de la fondation de
Rome; et la dissolution de l'Etat par le passage de l'aristocratie à la démagogie sous les
Gracques, vers l'an 620, ou même plutôt, par
l'établissement du pouvoir des décemvirs et
des tribuns, *non populi sed plebis magistra-
tus*, dit Tite-Live. La dégénération alla croissant dans l'une et dans l'autre société, parce
qu'il n'y eut de pouvoir nulle part; la corruption devint monstrueuse, comme l'austérité
avait été excessive. Le mari avait répudié la
femme; la femme renvoya son mari, et compta
le nombre de ses années, comme dit Sénèque,
non par les noms des consuls, mais par le nombre de ses maris. Le père avait fait mourir son
fils; le fils, à son tour, fit mourir son père, en
le dénonçant aux proscriptions. Le désordre ne
cessa plus dans Rome, et jusqu'aux derniers
jours de l'empire, la licence fut dans la famille
et la violence dans l'Etat (1).

---

(1) Juvénal exerce sa verve satyrique contre les dames

Il règne dans les auteurs anciens de l'incertitude pour savoir si le passage de la répudiation au divorce mutuel, de l'état imparfait à l'état corrompu, se fit à Rome par les mœurs ou par les lois. Il paraîtrait par un passage de Plaute, dans sa comédie du *Marchand*, que vers l'an 563 de Rome, le droit de répudier n'était pas encore accordé à la femme. Plutarque prétend que Domitien fut le premier qui permit le divorce aux femmes. D'autres reculent cette loi jusqu'à Julien l'apostat ou le jurisconsulte, c'est-à-dire, bien après que le divorce eut été pratiqué. M. de Montesquieu pense, au contraire, d'après Cicéron, « que la loi corrompit sans cesse les mœurs »; et je le citerai ici à l'appui de tout ce que j'ai dit dans ce chapitre sur la législation grecque et romaine, relative au mariage, et même sur la différence du divorce à la répudiation. «Romulus, dit-il, permit au mari de répudier sa » femme, si elle avait commis un adultère, » préparé du poison, ou falsifié les clefs. Il ne » donne point aux femmes le droit de répudier

_____

romaines, qui trouvaient le secret de changer de mari huit fois dans cinq ans. Saint Jérôme rapporte qu'il a vu enterrer à Rome une femme qui avait eu vingt-deux maris.

» leur mari. Plutarque appelle cette loi une loi
» très-dure.

» Comme la loi d'Athènes donnait à la femme
» aussi-bien qu'au mari la faculté de répudier,
» et que l'on voit que les femmes obtinrent ce
» droit sur les premiers Romains, nonobstant
» la loi de Romulus ; il est clair que cette ins-
» titution fut une de celles que les députés de
» Rome rapportèrent d'Athènes, et qu'elle fut
» mise dans les lois des douze Tables.

» Cicéron dit, que les causes de répudia-
» tion venaient de la loi des douze Tables. La
» faculté du divorce fut encore une disposi-
» tion, ou du moins une conséquence de la
» loi des douze Tables. Car dès le moment
» que la femme ou le mari avait séparément
» le droit de répudier, à plus forte raison pou-
» vaient-ils se quitter de concert et par une
» volonté mutuelle.

» La loi ne demandait point qu'on donnât
» des causes pour le divorce. C'est que, par la
» nature de la chose, il faut des causes pour
» la répudiation, et qu'il n'en faut pas pour
» le divorce ; parce que là où la loi établit des
» causes qui peuvent rompre le mariage, l'in-
» compatibilité mutuelle est la plus forte de
» toutes. » Et à propos du fait de Carvilius
Ruga qu'il conteste, quoique avancé par Denys

d'Halicarnasse, Valère Maxime et Aulugelle,
qui attribuent à la religion des auspices le respect des Romains pour les liens du mariage
pendant les premiers siècles de la république,
M. de Montesquieu ajoute : « La loi des douze
» Tables et les mœurs des Romains étendirent
» beaucoup la loi de Romulus..... Mais si les
» citoyens eurent un tel respect pour les aus-
» pices, *pourquoi les législateurs de Rome en*
» *eurent-ils moins ? comment la loi corrompit-*
» *elle sans cesse les mœurs ?* »

Je citerai encore madame Necker sur le même
sujet. « Ce n'était pas le divorce qui était per-
» mis à Rome, mais seulement la répudiation.
» Dans ces siècles voisins de l'état de nature,
» *les sexes n'étaient point égaux en droits,*
» la force avait l'empire, et le divorce eût été
» regardé comme une loi de démence.

» Dans tous les temps et dans tous les pays,
» les femmes ont été préposées à la garde des
» mœurs ; mais plus l'on croit le dépôt sacré,
» plus l'on surveille et l'on asservit le dépo-
» sitaire. Le divorce chez les Romains était un
» châtiment, et non une convention : ils se
» vengeaient de leurs femmes coupables, de
» deux manières également redoutées, par la
» mort réelle, ou par la répudiation, espèce
» de mort civile et d'opinion......... Les dames

» romaines, soumises à des lois si sévères,
» donnèrent peu de sujets de plainte à leurs
» maris, et il ne faut pas être surpris que cent
» ans se soient écoulés sans offrir un exemple
» de répudiation. Mais quel rapport pourrait-
» on trouver entre le divorce reçu chez les
» Romains et celui qu'on vient d'adopter
» (en 1792)? L'un était une loi de modestie,
» l'autre une loi d'audace. A Rome, le divorce
» était le gardien des mœurs ; en France il en
» sera le corrupteur : et si l'on eût admis parmi
» nous la répudiation telle qu'elle fut autorisée
» chez les Romains, les femmes en auraient
» été toujours les victimes...... Cependant,
» et malgré la partialité d'une loi qui ne lais-
» serait qu'aux hommes la liberté du divorce,
» cette forme *blesserait moins les bonnes*
» *mœurs*, qui, d'*accord avec la nature*, don-
» nent toujours aux femmes le privilége d'une
» vertu de plus. »

Mais la nature ne perd jamais ses droits,
et elle se retrouve dans les opinions là même
où elle n'est plus ni dans les mœurs ni dans
les lois. Le déréglement des mariages était
regardé chez les Romains comme une des plus
puissantes causes de désordre :

« *Fœcunda culpæ sæcula nuptias*
» *Primum inquinavére ;* dit Horace.

Sur

Sur les monumens funéraires élevés aux épouses, on lit, comme le plus bel éloge qu'on puisse faire de leurs vertus, qu'elles n'ont eu qu'un époux :

Conjugi piæ, inclytæ, univiræ, etc.

Le divorce était interdit aux Flamines, suivant quelques auteurs ; Valère Maxime dit que les secondes noces sont un aveu d'intempérance : les lois romaines parlent des secondes noces en termes durs et odieux ; *matre*, disent-elles, *jam secundis nuptiis funestatá.*

La polygamie, soit actuelle, soit éventuelle par la répudiation et le divorce, était donc pratiquée chez les Orientaux, chez les Juifs, chez les Grecs, chez les Romains, chez tous les peuples connus qui avaient passé de l'état domestique à quelque état public de société ; et avec elle régnait, dans tout l'univers idolâtre, l'oppression de l'âge, du sexe et de la condition, l'infanticide, l'esclavage, la divination, les prostitutions religieuses, les spectacles sanguinaires, les victimes humaines, etc., etc., et même chez les Juifs, un penchant extrême à la superstition et à l'idolâtrie.

La loi des Juifs n'était que pour un temps, *comme toute loi imparfaite*, pour le temps de l'enfance de l'homme social, et jusqu'à ce que

K

parût le législateur de l'âge viril, capable de former, comme dit saint Paul, *virum perfectum in mensuram œtatis plenitudinis Christi.* Car qu'on avoue ou non la divinité de la législation de Moïse, on ne peut s'empêcher de voir dans les livres des Juifs l'annonce d'une meilleure législation, et dans l'univers l'existence actuelle de meilleures lois; et les Juifs eux-mêmes ont toujours attendu un autre législateur, puisqu'ils l'attendent encore.

Les temps furent accomplis, et ce législateur apparut à la société.

CHAPITRE VIII.

De la société chez les peuples chrétiens.

LE progrès des connaissances humaines suit la marche des siècles, parce qu'elles s'appuient sur l'expérience des temps. Les sages de la Grèce et de Rome pouvaient avoir le cœur plus droit que nos sages, et même quelques-uns l'esprit plus pénétrant; mais il y avait moins de lumières de leur temps que du nôtre, parce que le monde avait moins vécu, et que l'homme avait moins d'expérience : et si, aujourd'hui, après cinq mille ans de la législation

mosaïque, que les anciens ne connaissaient
pas ou ne connaissaient qu'imparfaitement;
après deux mille ans de christianisme qu'ils
n'avaient pu voir, quatorze siècles de constitutions religieuses et politiques en Europe,
fondées sur des lois naturelles, trois siècles
de discussions politiques et religieuses les
plus savantes, dix ans enfin d'une révolution
politico-religieuse, et d'une expérience qu'on
peut regarder comme l'analyse de l'histoire entière des sociétés humaines; si aujourd'hui les
auteurs du nouveau Projet de Code civil, distingués par leurs connaissances chez une nation distinguée elle-même par ses progrès,
après avoir reconnu cette vérité ignorée des
anciens, « que quand les abus sont les ou-
» vrages des passions, ils peuvent être corri-
» gés par les lois; mais que quand ils sont l'ou-
» vrage des lois, *le mal est incurable, parce*
» *qu'il est dans le remède même* »; s'ils ont
porté la loi du divorce comme un remède au
mal des séparations, et mis ainsi, comme ils
le disent eux-mêmes, « un libertinage régu-
» lier et une inconstance autorisée à la place
» du mariage même »; s'ils ont posé en principe, « que les lois sont faites pour les hom-
» mes, et qu'elles ne doivent jamais être plus
» parfaites que leur état ne peut le comporter»,

K 2

au lieu de reconnaître que les lois sont faites
contre les passions des hommes, et qu'elles
doivent être aujourd'hui aussi parfaites que
l'âge de la société le permet, et que ses besoins le demandent; si, au dix-neuvième siècle,
lorsque *tout est consommé* pour la société, ils
permettent le divorce à des Français, tandis
qu'il faut commencer l'éducation du sauvage
par lui interdire la polygamie; si, enfin, lorsqu'il ne peut être question que de lois plus ou
moins parfaites, mais toujours naturelles, ils
nous donnent une loi vicieuse et contre nature, en permettant à la femme de s'élever
contre son époux, et de lui arracher ses enfans; je le dis avec une profonde conviction:
le législateur des chrétiens, s'il n'eût été qu'un
homme, n'en aurait pas plus su de son temps
que les rédacteurs du Projet du Code civil n'en
savent du leur, parce qu'ils ont ajouté dix-
huit siècles d'expérience à celle qu'il avait de
son temps, et que l'homme qui devance d'autres
hommes ne devance jamais la société. Il aurait
donc pensé, il aurait parlé comme les hommes
d'alors pensaient et parlaient; il aurait, comme
nos législateurs, *consulté les mœurs et les caractères*, accommodé ses lois aux penchans
des hommes, au lieu de redresser leurs penchans par ses lois; et loin de s'arrêter au

divorce, qui n'était plus un remède au mal, mais un moyen de le commettre, il aurait cherché un remède au divorce lui-même ; et comme nos législateurs n'ont su corriger l'abus des séparations que par le divorce, il n'aurait corrigé l'abus des divorces que par la communauté des femmes, dont il trouvait le conseil dans les lois de Platon, et l'exemple, ou, peu s'en faut, dans les mœurs de tous les peuples, sans en excepter le sien. S'il n'eût pas fait ses lois *plus parfaites que les hommes d'alors ne pouvaient les comporter*, quelles lois aurait-il donc données aux hommes, aux femmes, tels que nous les dépeignent Juvénal, Tacite, Pétrone, Suétone, ou Josephe, dernier historien des Juifs ? S'il n'eût donné aux hommes que les lois qu'ils pouvaient comporter, les hommes, si toutefois l'espèce humaine avait pu survivre à cette législation épouvantable, seraient aujourd'hui pires que leurs lois; et l'Europe, centre de toute civilisation et de toute politesse, l'Europe, qui a rendu l'univers entier tributaire de ses connaissances ou de sa force, et où est, pour ainsi dire, le dépôt général de toutes les vérités et de toutes les vertus, de tout ce qu'il y a de naturel dans les lois et dans les arts, l'Europe serait, comme le reste du monde, livrée à toutes les erreurs

K 3

et à tous les désordres. Graces immortelles lui
en soient rendues ! Ce n'est pas ainsi que le
législateur des chrétiens considère l'homme et
la société. Il connaît l'homme et ses penchans,
parce qu'il connaît son ouvrage et celui de
l'homme ; et loin de proposer à l'homme des
lois faibles, complices de ses passions, ou témoins impuissans de ses désordres, il les lui
impose comme un frein, ou les lui oppose
comme une digue : *perfecti estote*, « soyez
» parfaits », nous dit-il ; parole sublime, qu'aucun législateur avant lui n'avait fait entendre,
qu'aucun législateur après lui n'a répétée.
« Soyez parfaits », non comme Aristide et
Caton, de cette perfection païenne qui, à côté
des vertus privées qui honorent l'homme, laisse
subsister tous les vices qui oppriment l'humanité (1) ; mais de la perfection de Dieu même,
c'est-à-dire, de cette perfection qui consiste
à obéir en tout aux lois les plus naturelles,

---

(1) Caton assistait aux jeux infâmes de la déesse Flore :
sa présence gênait le peuple. Caton s'en aperçut, et
sortit pour lui laisser toute licence. Telle était la vertu
du magistrat romain le plus vertueux. Martial en a fait
le sujet d'une épigramme. Ces vertueux Romains assis-
taient aux combats de gladiateurs, aux sacrifices de sang
humain, lorsqu'il y en a eu ; souffraient l'exposition des
enfans, etc. etc.

qui, étant l'énoncé des rapports naturels des êtres, sont l'expression de la volonté générale de leur auteur ; car c'est là le sens général ou métaphysique de ce passage : « Soyez parfaits » comme votre père céleste est parfait ». Et non seulement il dit aux hommes qu'il appelle à la vérité, d'être meilleurs que les païens ; « car quel mérite auriez-vous, leur dit-il, à » faire ce que font les païens » ? *Nonne ethnici et hoc faciunt ?* mais d'être meilleurs que les Juifs eux-mêmes, le moins imparfait de tous les peuples ; et il leur déclare que, « si leur » justice n'est pas plus abondante que celle des » Scribes et des Pharisiens, ils n'auront point » de part à la société céleste qu'il est venu for- » mer ». Il leur met sous les yeux la différence d'une loi imparfaite à une loi parfaite, lorsqu'il leur dit : « il a été dit à vos pères d'aimer ceux » qui vous aiment ; et moi je vous dis d'aimer » ceux qui vous haïssent ». Il leur présente la distinction des œuvres *mauvaises* des passions, des œuvres *imparfaites* de la loi, des œuvres *parfaites* de l'amour du prochain, dans cette parabole sublime où l'on voit un homme *mal-traité* par des voleurs, *négligé* par le lévite, *secouru* par le samaritain ; car il est à remar-quer que le lévite représente ici l'état imparfait de la loi, dont il était le ministre.

K 4

Cette parole puissante tire le monde social du néant de l'erreur et du chaos du crime ; l'ordre, ou l'unité de pouvoir prend, dans la société, la place du désordre de la pluralité. Le *monothéisme* dans la religion, la *monogamie* dans la famille, la *monarchie* même dans l'Etat, chassent peu-à-peu le *polythéisme*, la *polygamie*, la *polycratie* même ou le *popularisme* ; et, pour nous renfermer dans le sujet que nous traitons, le mariage est ramené par le législateur lui-même à son institution du *commencement*, c'est-à-dire, à sa loi naturelle ; car la nature est au commencement de tout. La répudiation, et même pour cause d'adultère, est interdite à des hommes qui n'alléguaient pas même de prétexte pour divorcer ; et jusque dans la voluptueuse Egypte, où l'inceste avait été une loi politique et le moyen de la succession de ses rois, des milliers d'hommes s'interdisent les plaisirs les plus légitimes, pour s'adonner, avec une entière liberté, à la contemplation de la vérité.

La loi mosaïque fut donc accomplie dans la loi chrétienne, et la perfection des lois et des mœurs commença pour l'univers. La loi judaïque, avec ses pratiques multipliées, ses observances minutieuses, ses peines et ses récompenses toutes temporelles, convenait à

l'enfance de la société, à cet âge où un institu-
teur sévère règle tous les pas de l'homme, et
ne lui parle que par les sens. La loi chrétienne,
avec ses grands préceptes, sa morale universelle, son ordre éternel de châtimens et de
récompenses, convient à l'âge viril de la société, à cet âge où l'homme en liberté dans
la vaste enceinte que la société trace autour
de lui, contenu dans ses passions par les lois,
ne prend conseil, pour ses devoirs, que de
son cœur. L'une formait l'homme pour l'état
domestique de société, la société de soi; l'autre
forme l'homme pour l'état public de société,
la société des autres. Pour empêcher le Juif
de nuire à son semblable, Moïse lui défend
de mettre une pierre d'achoppement devant
l'aveugle, lui prescrit de montrer le chemin
à l'étranger, et de secourir même l'animal
tombé sous le faix. Jésus-Christ va plus loin
dans un seul mot; il dit à l'homme : *Tu aimeras
ton prochain.* Il fait de ce précepte un com-
mandement égal à celui de l'amour pour Dieu
même, et il laisse au cœur à en diriger les
actes; et c'est ce qui fesait dire à saint Augustin : *Ama, et fac quod vis;* « aime, et fais ce
» que tu voudras ».

Il me semble voir un enfant que sa mère,
pour la première fois, conduit dans un cercle,

et à qui elle donne auparavant tous les petits
préceptes de la *civilité puérile*, sous l'espoir
de récompenses ou la menace de châtimens
proportionnés à son âge; et un homme fait,
que le sentiment des bienséances avertit de tout
ce qu'il doit aux autres de politesse et d'égards,
et à quoi il ne pourrait manquer sans se couvrir
de honte. Aussi Moïse a formé un peuple borné, craintif, intéressé, sans vices, mais sur-
tout sans vertus; et Jésus-Christ a formé des
nations éclairées et fortes, des peuples, comme
dit l'apôtre, agréables à Dieu et sectateurs des
bonnes œuvres, *populum acceptabilem, sec-*
tatorem bonorum operum, où les esprits cha-
grins ne remarquent que les vices, parce que
les vertus y sont l'état ordinaire et le seul autorisé; comme des enthousiastes ne remarquent chez les païens que les vertus, parce que
le vice y était l'état commun, et permis par
les lois.

Mais la religion chrétienne fut, dans la société, comme la vérité et la vertu sont dans
le cœur de l'homme, un germe que le temps
conduisit peu-à-peu à sa maturité. La convales-
cence du monde, si j'ose le dire, guéri, avec
tant de peines, de l'idolâtrie, fut lente et la-
borieuse, et long-temps il porta les cicatrices
de cette grande plaie de l'humanité.

L'infanticide, les combats de gladiateurs, les sacrifices sanglans, la prostitution religieuse, disparurent les premiers de la société; mais l'esclavage, mais la superstition, la divination, le divorce sur-tout, opposèrent à l'influence du christianisme une plus longue résistance, et ne se retirèrent que lentement devant les progrès de la civilisation religieuse. Les empereurs d'Orient, avec leur autorité précaire et disputée, n'osèrent en délivrer la société, et ils se bornèrent à en restreindre ou à en régler l'usage. Les rois Francs, et jusque dans la troisième race, usèrent encore de la répudiation, qu'on retrouve dans l'enfance de toutes les sociétés. Ils en furent repris par le père commun des chrétiens, qui instruisait les peuples en rappelant des rois à demi-barbares à la sévérité du christianisme, et fesant baisser la tête à ces fiers Sicambres; et même de nos jours, les dispenses de certains degrés de parenté pour les mariages, quelquefois légèrement accordées (et qui ont été cause que le Projet de Code civil en a aboli la loi), étaient un reste de condescendance pour la faiblesse humaine, que l'état avancé de la société aurait dû peut-être faire disparaître, sur-tout en France, où la loi excluant les femmes de la succession au trône, ne rendait jamais des

dispenses de ce genre politiquement nécessaires. Je ne crains pas d'assurer que la loi,
en France, deviendra sévère à proportion que
la licence a été excessive, et que cette maxime
de M. de Montesquieu : « Les troubles, en
» France, ont toujours affermi le pouvoir »,
recevra, tôt ou tard, dans l'Eglise comme
dans l'Etat, l'application la plus étendue. Et
l'Europe n'a-t-elle pas déjà vu la discipline
ecclésiastique rétablie dans le monde chrétien
par le concile de Trente, après la licence in-
troduite par la réforme ; et dans tous les Etats,
les lois de police devenir plus sévères au sortir
des troubles civils ? parce que l'ordre, dans
la société sous le nom de civilisation, dans
l'homme sous le nom de raison, est l'état
naturel des êtres : « l'ordre, dit le P. Male-
» branche, est la loi inviolable des esprits ».

CHAPITRE IX.

Révolution dans la société chrétienne.

Depuis plus de dix siècles, le mariage, en
Europe, était constitué sur la loi naturelle de
l'indissolubilité ; la paternité ou le pouvoir était
honoré dans la famille comme dans l'Etat,
comme dans la religion. La société avançait,
à l'aide du christianisme, dans la connaissance
de la vérité et la pratique du bien. « La France,
dit M. de Saint-Lambert, qu'on ne soupçon-
nera pas de partialité en faveur du christianisme, « la France, à cette époque, a été le
» pays où la justice a été le mieux adminis-
» trée, et dans lequel les magistrats ont eu l'es-
» prit, le caractère et les mœurs qu'ils devaient
» avoir. Leur pouvoir n'offensait personne ; il
» ajoutait à la sécurité de tous.... La nation
» prenait toutes ces habitudes, qui, dans une
» société, deviennent des vertus ou l'appui des
» vertus. Dans ces momens, les mœurs des
» Français ont peut-être été comparables aux
» plus belles mœurs des nations illustres de
» l'antiquité (1).... *La religion était favorable*

(1) On sent qu'un philosophe qui voit la perfection des
mœurs chez les Grecs et les Romains, où il voit la perfection des arts, ne pouvait en dire davantage.

» *à l'ordre et aux mœurs* : les troubles reli-
» gieux qui s'élevèrent, forcèrent le gouver-
» nement à suspendre l'exécution de ses des-
» seins utiles, et à s'opposer aux opinions nou-
» velles ».

Tel était en France, et à beaucoup d'égards
dans l'Europe chrétienne, l'état de la société,
lorsque le grand scandale de la réformation
vint arrêter, ou plutôt suspendre le développement naturel de la société dans le perfec-
tionnement de ses lois, et ramener la religion
à l'état imparfait, à l'esprit dur, intéressé,
craintif de la religion judaïque, et la société
domestique et politique, aux institutions vicieuses des Grecs, dont les arts portés en Europe à cette époque, ne contribuèrent pas peu
à faire admirer et adopter les lois.

« Luther, dit l'auteur que je citais tout-à-
» l'heure, n'était pas un homme de génie, et
» il changea le monde » ; c'est-à-dire, qu'il
altéra l'homme et bouleversa la société. Par
une contradiction remarquable, la réformation
mit le relâchement dans les principes de la
société, et le rigorisme dans les mœurs de
l'homme ; car ces mêmes docteurs qui permettaient la dissolution du lien conjugal, con-
damnaient avec une austérité farouche la plus
innocente récréation, le jour de dimanche,

qui était pour eux le jour du *sabbat ;* et les troubles religieux de l'Angleterre et de l'Ecosse en offrent de risibles exemples.

Ainsi, tandis que Luther, et plus encore Calvin, enseignaient les dogmes désespérans ou corrupteurs de la prédestination absolue au malheur éternel, ou de la justice inamissible ; que niant à-la-fois la faiblesse humaine et la grace divine, ils distinguaient les hommes en deux classes, l'une de justes qui ne peuvent faillir, l'autre de méchans qui ne peuvent s'amender ; ils portaient la confusion dans la société, en mettant par-tout la pluralité ou la démocratie à la place de l'unité : la démocratie dans la famille, par la faculté du divorce accordée aux femmes ; la démocratie dans l'Etat, par le pouvoir souverain attribué au peuple ; la démocratie dans la religion, par l'autorité transportée aux fidèles pour l'élection des ministres, et même dans chaque homme, pour l'interprétation des Ecritures : « Car, dit naïve- » ment M. de Saint-Lambert, le chrétien de » Calvin est nécessairement démocrate ». Et alors commença, pour l'Europe, la révolution des lois naturelles ou divines, aux lois vicieuses et contre la nature, ouvrage de l'homme et de ses passions; révolution qui alluma à son origine des guerres si sanglantes, qui a enfanté

des erreurs si monstrueuses et des crimes si
inouis ; qui, combinée avec les progrès du
commerce et des arts, c'est-à-dire, avec la soif
d'acquérir et la fureur de jouir, a soulevé dans
le cœur de l'homme les mêmes tempêtes qu'elle
a excitées dans la société, et y a produit le
dégoût de vivre pour la vertu dans ceux qui
ne peuvent plus vivre pour les jouissances :
car le suicide, devenu si commun parmi nous,
et qui bientôt ne laissera plus à la justice humaine de criminel à punir, ni à la bonté divine de coupable à pardonner, le suicide ne
date en Europe que des temps dont je parle ;
et ce sont les mêmes doctrines qui ont donné
à l'homme le pouvoir de se détruire lui-même,
et qui ont enseigné, par l'organe du philosophe
de Genève, que « le peuple a toujours le droit
» de changer ses lois, même les meilleures ; car
» s'il veut se faire mal à lui-même, qui est-ce
» qui a le droit de l'en empêcher ? »

Mais le plus puissant véhicule de la licence et
du désordre, fut la faculté du divorce, que
Luther crut trouver dans l'Evangile ; car à cette
époque de la société, on cherchait encore dans
la religion la raison des lois politiques. Les
seules lumières du bon sens auraient dû lui
apprendre, que celui qui était *venu accomplir
la loi* des Juifs, et dire aux hommes : « Soyez
» parfaits

» parfaits comme votre père céleste est par-
» fait », n'avait pas entendu les laisser sous la
loi imparfaite des Juifs, et même sous une loi
bien plus imparfaite que celle des Juifs, puisque, comme nous l'avons déjà observé, la répudiation est une loi dure, et le divorce mutuel une loi mauvaise; et que dans le même
entretien (1), où, opposant les élémens imparfaits d'une loi donnée à des enfans à la
perfection de cette même loi développée et
accomplie pour des hommes faits, Jésus-Christ
dit aux Juifs : « Il vous a été dit : Vous ne tuerez
» pas, et moi je vous dis de ne pas proférer
» même une parole injurieuse contre votre
» frère. Il vous a été dit : Vous ne commettrez
» point d'adultère, et moi je vous dis de ne
» pas même regarder une femme avec de mau-
» vais desirs. Il vous a été dit de ne pas haïr
» vos ennemis, et moi je vous dis d'aimer vos
» ennemis et de faire du bien à ceux qui vous
» haïssent » ; Que dans ce même entretien,
dis-je, il est souverainement absurde de supposer que ce maître de toute perfection ait
voulu dire aux Juifs : « Moïse a permis aux maris
» de répudier leurs femmes, et moi je permets
» aux femmes de répudier leurs maris ». Il
aurait dû apprendre de cet Evangile qui le

(1) Saint Mathi., ch. V.

L

dément autant de fois qu'il l'invoque, que
Jésus-Christ, interrogé par les Juifs sur le sens
de la loi de Moïse, relative à la dissolution
du lien conjugal, ne pouvait leur parler que
de l'espèce de dissolution tolérée par Moïse,
c'est-à-dire, de la répudiation exercée par le
mari seul ; et effectivement le divin législateur
n'emploie que les expressions *dimittere uxorem,*
uxorem dimissam, pour exprimer la dissolution du lien conjugal, et la femme séparée de
son époux ; que saint Paul, qui ne parle qu'à
des chrétiens, et qui, sans doute, entendait le
sens de l'Evangile, dit : « Si une femme épouse
» un autre homme pendant la vie de son mari,
» elle sera tenue pour adultère ; mais si son
» mari vient à mourir, elle est affranchie de
» cette loi, et elle peut en épouser un autre
» sans adultère » ; et qu'enfin, si ce passage de
l'Evangile s'adresse aux chrétiens, il ne signifie
que la séparation *à mensa et à thoro,* pour
cause d'adultère : séparation que l'honneur commande comme la religion le permet. Au reste,
je ne discuterai point ce dernier passage de l'E-
vangile, puisque ceux que je combats ne nous
l'opposent point, et que d'ailleurs ils ont été
bien au-delà des bornes que, selon Luther et
Calvin, le législateur des chrétiens a assignées
à la faculté de dissoudre le lien matrimonial.

Quoi qu'il en soit, le divorce mutuel n'était
pratiqué que depuis quelques années; nous
voyons *Storck*, *Muncer*, *Carlostadt*, des premiers et des plus zélés disciples de Luther, lui reprocher d'avoir introduit une *dissolution semblable à celle du mahométisme* : et en effet, le
divorce se changeait même dès lors en polygamie. Luther lui-même avait sans cesse à la
bouche ce mot fameux : *Si nolit uxor, ancilla
venito.* Ce patriarche de la réformation, assisté
de ses docteurs, permit au landgrave de Hesse,
par sa consultation du mois de décembre 1539,
d'épouser une seconde femme, en retenant la
première ; et même, de nos jours, le feu roi
de Prusse, Frédéric-Guillaume II, a répudié
Elisabeth de Brunswick, épousé la princesse
de Hesse, épousé la comtesse d'Enhoff, sans
répudier la reine, toujours avec l'approbation
des docteurs calvinistes; et lorsqu'avec ces trois
femmes vivantes, il voulait encore épouser
mademoiselle de Voss, il trouva ses pasteurs
disposés à le lui permettre, alléguant qu'il va-
lait mieux contracter un mariage illégitime, que
de courir sans cesse d'erreurs en erreurs : décision dérisoire et honteuse, qui « dégrade autant
» ceux qui la donnent, que celui qui la sollicite»,
dit avec raison M. de Ségur ; historien récent
de cette époque mémorable de notre temps.

L 2

CHAPITRE X.

De la révolution française.

Avant la révolution actuelle, le divorce en France, permis à quelques-uns par leur loi religieuse, était défendu à tous par la loi civile ; mais la loi civile permettait aux époux la séparation, dont les exemples, inouïs autrefois, devenaient plus fréquens, à mesure que les mœurs devenaient plus faibles. Cette condescendance du législateur, ou plutôt des magistrats, qui n'était pas restreinte par certaines conditions nécessaires pour en prévenir l'abus, avait porté des fruits amers depuis cinquante ans ; et les séparations légales, ou seulement de fait, légèrement prononcées par les tribunaux, ou indiscrètement tolérées par la police, avaient disposé les esprits à recevoir comme un remède nécessaire la faculté du divorce, tandis que d'autres principes, répandus dans toutes les classes de la société, avaient préparé les citoyens à recevoir sans effroi, et comme des conceptions philosophiques, les institutions populaires. Mais le divorce et la démocratie, introduits après un si long usage de constitution naturelle de famille et d'Etat, dans la société la plus éclairée et même la plus forte de l'Europe par une habitude de plusieurs siècles de raison et de nature, y supposaient un prodigieux obscurcissement dans les lumières, une extrême faiblesse dans les ames, et devaient y produire des effets bien plus funestes que ceux qu'ils avaient produits à une époque plus reculée chez des peuples beaucoup moins constitués. C'est ce qui est arrivé ; et sans parler ici des désordres publics dans les lois et dans les mœurs, à une certaine époque de notre révolution, qui passent tout ce qu'on péut imaginer, le nombre des divorces, dans les trois premiers mois de 1793, fut, à Paris seulement, au tiers des mariages. Le divorce est peut-être aujourd'hui moins fréquent sur un seul point, mais il est plus répandu, et déjà il gagne les campagnes. Il y a été d'abord un objet d'horreur, bientôt il ne sera plus même un sujet d'attention. Il ne faut pas oublier de remarquer que le plus grand nombre des divorces est provoqué par les femmes ; ce qui prouve qu'elles sont plus faibles ou plus passionnées, et non pas qu'elles soient plus malheureuses.

C'est sur-tout dans la révolution opérée en France qu'ont paru, avec tous leurs caractères, l'union intime et la parfaite analogie des deux

L 3

sociétés, domestique et publique. En effet,
l'Assemblée constituante posa en principe la
souveraineté populaire dans l'Etat, et même
dans l'Eglise, par la constitution démocratico-
royale de 1789, et la constitution civile ou
presbytérienne du clergé, et par là elle pré-
para les voies au divorce, qui permet à la
femme d'usurper le pouvoir sur son époux ;
en sorte que l'Assemblée législative qui suivit,
en décrétant le divorce, n'eut qu'une conséquence à déduire. A peine les rapports naturels furent intervertis, que la dégénération
s'accrut avec une effrayante rapidité. L'année
1793 vit, dans l'Etat, la démagogie la plus
effrénée ; dans la famille, la dissolution du lien
conjugal la plus illimitée ; dans le culte même,
l'impiété la plus exécrable. Le pouvoir paternel périt avec l'autorité maritale ; la mino-
rité des enfans fut abrégée, et le père perdit,
par l'égalité forcée des partages, la sauvegarde
de l'autorité, le moyen de punir et de récompenser.

Cependant l'excès du désordre ramène à la
règle, et l'édifice se recompose de ses propres
débris. On chercha, pour me servir de l'expression de Montesquieu, en parlant de Rome, *à
ôter la république des mains du peuple*, et
l'on chercha en même temps à ôter la famille

des mains des femmes et des enfans. La constitution directoriale resserra la démocratie trop
étendue : on posa quelques limites à la licence
du divorce ; le père obtint la permission de
disposer de quelque partie de ses biens ; et
même le directoire rendit, à des conditions
onéreuses, une ombre de tolérance au culte
religieux.

· Le 18 brumaire arrive ; et la constitution
politique qui résulte des événemens de ce jour
mémorable, porte dans l'État un principe d'u-
nité, rend plus de liberté aux ministres du
culte religieux, et même le code civil, qui
est l'objet de cette discussion, cherche à re-
constituer le pouvoir domestique, en rendant
le pouvoir marital mieux défendu contre le
divorce, et le pouvoir paternel plus libre dans
la disposition des propriétés domestiques.

Je ne m'étendrai pas davantage sur les suites
des événemens du 18 brumaire ; mais le lecteur
est maintenant en état d'apprécier ces deux as-
sertions de l'auteur de l'*Esprit des Lois* : l'une,
que le divorce a ordinairement une grande
utilité politique ; l'autre, que l'état public de
société n'a pas de rapport avec l'état domestique.

Nous finirons par quelques considérations
générales sur le divorce.

CHAPITRE XI.

Considérations générales sur le divorce.

La répudiation, tolérée chez les Juifs, était une loi dure, tout à l'avantage du mari contre la femme, et qui fesait de l'un un despote, de l'autre un esclave. Elle ne peut donc pas convenir à des peuples chrétiens, dont la charité est la première loi, et chez qui le mariage, ramené à l'institution du *commencement*, fait de la femme, non un être égal à l'homme, mais un *aide* (ou ministre) *semblable à lui*.

Le divorce est une loi dure et fausse à-la-fois, puisqu'elle permet, non seulement au mari la faculté de répudier sa femme, mais qu'elle l'accorde à la femme contre son époux.

Le divorce est aujourd'hui, plus que jamais, une loi faible ou oppressive pour les deux sexes, parce qu'elle les livre à la dépravation de leurs penchans, précisément à l'époque où les passions, exaltées par le progrès des arts, ont le plus besoin d'être contenues par la sévérité des lois.

Le divorce n'est toléré, chez des peuples commerçans, que parce qu'ils se représentent la société domestique, et même la société politique, comme une association de commerce, un contrat social. Ce n'est qu'un jeu de mots, dont la plus légère attention suffit pour dissiper l'illusion.

La société domestique n'est point une association de commerce, où les associés entrent avec des mises égales, et d'où ils puissent se retirer avec des résultats égaux. C'est une société où l'homme met la protection de la force, la femme, les besoins de la faiblesse ; l'un le pouvoir, l'autre le devoir ; société où l'homme se place avec autorité, la femme avec dignité ; d'où l'homme sort avec toute son autorité, mais d'où la femme ne peut sortir avec toute sa dignité : car de tout ce qu'elle a porté dans la société, elle ne peut, en cas de dissolution, reprendre que son argent. Et n'est-il pas souverainement injuste que la femme, entrée dans la famille avec la jeunesse et la fécondité, puisse en sortir avec la stérilité et la vieillesse, et que n'appartenant qu'à l'état domestique, elle soit mise hors de la famille à qui elle a donné l'existence, à l'âge auquel la nature lui refuse la faculté d'en former une autre ?

Le mariage n'est donc pas un contrat ordinaire, puisqu'en le résiliant, les deux parties ne peuvent se remettre au même état où elles étaient avant de le former. Je dis.plus ; et si le contrat est volontaire lors de sa formation, il peut ne plus l'être, et ne l'est presque jamais lors de sa résiliation, puisque celle des deux parties qui a manifesté le desir de le dissoudre ôte à l'autre toute liberté de s'y refuser, et n'a que trop de moyens de forcer son consentement.

Et admirez ici l'inconséquence où tombe le Projet de Code civil. Il ne s'agit pas, dit-il, de savoir si la faculté du divorce est bonne en soi, mais « s'il est convenable que les lois » fassent intervenir le pouvoir coactif dans une » chose qui est naturellement si libre, et où le » cœur doit avoir tant de part ». Et ailleurs, « la société conjugale ne ressemble à aucune » autre ; le consentement mutuel ne peut dis- » soudre le mariage (1), quoiqu'il puisse dis- » soudre toute autre société ». Ainsi la loi elle- même reconnaît si peu de liberté à cette *chose naturellement si libre*, et si peu de pouvoir aux parties de dissoudre, même de leur con- sentement, une union formée de leur consen- tement, que la preuve de leur accord mutuel à dissoudre leur union, est une cause qui en

_____

(1) Le Code civil permet la dissolution du mariage par le consentement mutuel des époux.

empêche la dissolution, et que leur collusion sur ce point est un délit que la loi punit par une amende; en sorte que, pour former l'association, il a été nécessaire de prouver le consentement mutuel des deux parties, et, pour la rompre, il faut prouver que les deux parties n'y consentent pas; comme si leur concert à vouloir se séparer n'était pas la plus forte preuve que la loi puisse desirer de l'absence de toute affection, et de la nécessité d'une séparation.

Le divorce, qui peut être favorable, dans quelques cas, à la perpétuité d'une famille, est contraire à la conservation de l'espèce humaine; parce que des époux qui voudront divorcer n'auront point d'enfans, pour acquérir un motif de divorce, et que l'abandon où il laisse trop souvent les enfans, nuit à leur conservation, même quand un second mariage n'exposerait pas leur vie; et comme une société se forme de ce qui subsiste, et non de ce qui naît, si la polygamie fait naître plus d'enfans, la monogamie en conserve davantage.

Mais si la nature ne veut pas que le lien du mariage soit jamais dissous, la société ne demande-t-elle pas qu'il puisse quelquefois se dissoudre?

Une société qui est à son premier âge, n'a

d'autre passion que la guerre. C'est un enfant qui croît, et dont le goût dominant est l'exercice nécessaire à son développement physique. Alors la dissolubilité du lien conjugal est sans danger, parce que sa dissolution est sans exemple ; et quelquefois même, comme chez les Juifs, la dissolubilité est tolérée, pour favoriser la multiplication d'un peuple naissant.

Mais l'âge de la puberté arrive pour la société comme pour l'homme, et les passions prennent un autre caractère. Dans le premier âge, l'homme fesait la guerre à l'homme ; dans le second, il fait la guerre à la femme ; et la volupté opprime un sexe, comme la guerre détruisait l'autre. Les progrès de la civilisation éveillent le goût du plaisir, et les arts se disputent le soin de l'embellir : tout devient art, et même la nature ; et les nécessités même de l'humanité ne sont plus que des jouissances factices, que l'homme poursuit avec ardeur, et souvent aux dépens de ses semblables. A cet âge de la société, permettre la dissolubilité du lien conjugal, c'est en commander la dissolution. Alors la loi ne peut autoriser le divorce sans introduire une polygamie illimitée pour les deux sexes. A une nation qui a des plaisirs publics, et jusqu'à des femmes publiques, il faut un frein public aussi et des

lois publiques, toutes générales, toutes impéra-
tives, qui maintiennent l'ordre général entre
tous, et non des lois privées, en quelque sorte,
qui ne statuent que sur un ordre particulier de
circonstances; des lois de dispense, facultatives
pour les passions et les faiblesses de quelques-
uns.

Ainsi, du côté que l'homme penche, la loi
le redresse; et elle doit interdire aujourd'hui
la dissolution à des hommes dissolus, comme
elle interdit, il y a quelques siècles, la vengeance privée à des hommes féroces et vindi-
catifs : et c'est uniquement dans cette amé-
lioration des lois, et non dans les progrès des
arts, que consiste cette perfectibilité de l'espèce humaine, sur laquelle on ne dispute que
faute de s'entendre.

D'ailleurs, s'il y avait des motifs légitimes
de divorce, ce seraient ceux qui viennent de
la nature même, comme les infirmités corporelles qui sont hors du domaine des volontés
humaines, et que l'homme n'a aucun moyen
de faire cesser; et c'est pour cette raison que
la loi des Juifs en fesait des motifs de répudiation. Mais permettre aux époux de se quitter, lorsque, livrés par l'espoir même du divorce, à l'inconstance de leurs goûts et à
la violence de leurs penchans, ils ont formé

ailleurs des amours adultères; dissoudre leur union, parce qu'ils ne veulent pas commander à leur humeur, ou parce que la loi ne veut pas veiller sur leur conduite; leur permettre de rompre le lien, lorsqu'ils l'ont relâché par une absence volontaire : c'est affaiblir la volonté, c'est dépraver les actions, c'est dérégler l'homme; (et il ne faut pas plus de lois pour dérégler, que de plan pour détruire.) C'est placer la famille et l'Etat dans une situation fausse et contre nature, puisqu'il faut que la famille oppose la force de ses mœurs à la faiblesse de la loi, au lieu de trouver dans la force de la loi un appui contre la faiblesse de ses mœurs. Mais là où la loi est faible, la règle des mœurs est faussée, et il n'y a plus de remède à leur corruption inévitable; et là où la loi est forte, l'autorité publique a une règle fixe, immuable, sur laquelle elle peut toujours maintenir les mœurs ou les redresser.

Si la dissolution du lien conjugal est permise, même pour cause d'adultère, toutes les femmes qui voudront divorcer, se rendront coupables d'adultère; les femmes seront une marchandise en circulation, et l'accusation d'adultère sera la monnaie courante, et le moyen convenu de tous les échanges; car c'est à ce point de corruption que l'homme est

parvenu en Angletterre ; et dans les débats
qui ont eu lieu, il n'y a pas long-temps, au
parlement, sur la nécessité de restreindre la
faculté de divorcer, l'évêque de Rochester ré-
pondant à lord Mulgrave, avança que sur dix
demandes en divorce pour cause d'adultère,
car on ne divorce pas en Angleterre pour d'autres motifs, il y en avait neuf où le séducteur
était convenu d'avance, avec le mari, de
lui fournir des preuves de l'infidélité de sa
femme (1).

C'est ici le lieu d'observer que, dans une
cause d'adultère entre des personnes du plus
haut rang, plaidée récemment en (2) Angleterre, lord Kenyon, l'oracle de la loi, qui

_____

(1) Le même orateur avança, que les hommes qui
s'étaient montrés en Angleterre les plus indulgens pour
le divorce, s'y étaient montrés les partisans les plus outrés
de la démagogie française. Le Code civil interdit à la
femme divorcée, pour cause d'adultère, de se remarier
avec son complice. Cette restriction compromet la vie du
mari : rien de plus dangereux que de composer ainsi avec
les passions, de les laisser aller jusqu'à un certain point
pour les arrêter ensuite.

(2) M. Sturt, membre du parlement d'Angleterre,
contre le marquis de Blanford, fils aîné du duc de Marl-
borough, pour adultère commis avec Anne Sturt, fille
du comte de Shafftesbury. Dans le même temps, autre
procès intenté par l'honorable M. Windham, ministre de

présidait au jugement, dans le résumé de l'affaire qu'il présenta aux juges, atténua les torts de la femme et même ceux de son séducteur, par la considération de torts du même genre de la part du mari, et par forme de compensation, réduisit la demande en dommages que celui-ci avait formée contre le séducteur, à cent livres sterling.

Rien ne prouve mieux qu'un pareil jugement, à quel point les idées sociales de justice, et même d'honneur, sont perverties chez cette nation mercantile. En effet, il suppose entre le mari et la femme, l'égalité naturelle de torts, et par conséquent, de devoirs; mais l'infidélité de la femme dissout le lien domestique, puisqu'elle met dans la famille des enfans étrangers; au lieu que les désordres du mari, quelque graves qu'ils puissent être, sont sans conséquence pour la famille, et ne peuvent affliger que le cœur de l'épouse (1).

S. M. B. à Florence, contre le comte Wycombe, fils aîné du marquis de Lansdown.

(1) « Nous voyons, dit l'abbé de Rastignac, dans un » canon de la seconde lettre de saint Basile à Amphiloque, » que dans les peines canoniques la coutume était moins » sévère envers les hommes qu'envers les femmes, dans le » cas même où les hommes et les femmes étaient coupa- » bles du même péché ».

Le

Le jugement dont je parle prouve l'extrême avilissement des mœurs en Angleterre, où un mari, même dans les rangs les plus élevés et les conditions les plus opulentes, ne rougit pas de recevoir le prix de son déshonneur, et peut à l'avance spéculer sur l'infidélité de sa femme, et composer avec la fortune de son séducteur (1). C'est par le même principe, qu'en cas d'intention de duel, la loi, en Angleterre, fait donner aux deux parties caution pécuniaire qu'elles n'en viendront pas au combat, et l'on en a un exemple récent. On avait, en France, des idées plus justes, et sur-tout

---

(1) Il en est à-peu-près de même chez plusieurs peuples sauvages, où le mari fait payer un cochon rôti à l'amant surpris avec sa femme, et le mange avec eux. Le principe est le même, la monnaie du paiement n'y fait rien. On retrouve chez les Anglais, sous les dehors brillans de la politesse et des progrès dans les arts, beaucoup de caractères des peuples sauvages. Le vol, la passion pour les liqueurs fortes, le goût de la viande demi-crue et sans pain, l'imperfection des lois, etc. etc. « Un fils, à peine » dans l'adolescence, dit l'*Essai sur la puissance pater-* » *nelle*, a été appelé en témoignage contre son père ; sa » déposition a complété la preuve d'un crime capital, et » l'arrêt de mort de son père est presque sorti de sa bou- » che. Ce jugement a été prononcé aux dernières assises » de Carrik-Fergus : l'accusé se nommait William Mo- » wens »·

M

des mœurs plus relevées : le particulier prévenu d'intention de duel, donnait caution d'honneur de sa déférence à la loi ; et un époux outragé, même dans les dernières classes du peuple, eût été noté d'infamie, s'il avait poursuivi devant les tribunaux une réparation pécuniaire.

Le commerce est, dans la société, ce qu'est dans l'homme la nécessité naturelle de manger et de boire. L'homme ne peut faire, du manger et du boire, sa principale affaire, sans tomber dans le plus profond avilissement, et dans un oubli total de ses devoirs. Un peuple qui met le commerce au rang des institutions sociales, qui y voit un devoir, et non un besoin, qui lui donne, par tous les moyens possibles, une extension illimitée, au lieu de le renfermer dans les bornes de l'indispensable nécessaire, peut éblouir par l'éclat de ses entreprises et la grandeur de ses succès ; mais son embonpoint physique cache des ames avilies et des mœurs abjectes : c'est un peuple tout matériel, et il sera tôt ou tard asservi par un peuple moral. En France, la fureur du commerce était contenue par des institutions qui en interdisaient la pratique à certaines classes de la société(1), et maintenaient l'esprit de détachement

_____

(1) De là vient que certaines personnes en France ne

des richesses, et la disposition à tout quitter pour remplir ses devoirs. Là était la force de la France ; et si la révolution en avait pour toujours anéanti le principe, les Français seraient assez punis, et leurs ennemis assez vengés.

De même qu'en Angleterre, l'adultère est le seul moyen de divorce : l'incompatibilité d'humeur, décrétée comme cause de divorce par la loi existante, et redemandée par le tribunal de cassation, serait, en France, le moyen bannal de ceux qui n'en auraient pas d'autre ; et déjà l'on voit cette incompatibilité alléguée par tous les époux qui veulent se séparer, et alléguée par ceux même à qui le public n'a à reprocher que l'excessive compatibilité de leurs goûts, et une infame complaisance pour leurs mutuels désordres.

Il faut observer que les rédacteurs du Projet de Code civil, qui s'élèvent, avec raison, contre le motif d'*incompatibilité d'humeur*, suffisant aujourd'hui pour opérer la dissolution du lien conjugal, la permettent *lorsque la*

_____

pouvaient, sans déshonneur, signer des engagemens qui pussent les soumettre à la contrainte par corps, parce que leur personne, déjà engagée au service de la société, ne pouvait être aliénée au particulier.

conduite habituelle de l'un des époux envers l'autre rend à celui-ci la vie insupportable; motif qui ressemble fort à celui de l'incompatibilité, et que des époux peuvent toujours alléguer, parce que personne ne peut les contredire.

Et remarquez ici l'inconvenance, pour ne rien dire de plus, de la loi, qui permet de former de nouveaux nœuds, à la femme convaincue d'avoir violé, par l'adultère, ses premiers engagemens, et qui récompense ainsi l'oubli des devoirs et l'infraction des lois; car, dans un Etat bien réglé, le mariage permis à tous les hommes, devrait être interdit aux époux divorcés, par la même raison que la carrière de l'administration publique, accessible à tous les citoyens, est fermée sans retour à ceux qui ont été négligens ou prévaricateurs dans l'exercice de leurs fonctions.

Ainsi, dans les premiers temps, l'interdiction du mariage était au nombre des peines canoniques que l'église infligeait à l'assassin et à l'incestueux; et cette peine pourrait encore être employée avec succès par une administration vigilante. Quand même on considérerait le célibat comme une peine, l'époux qui aurait éloigné de lui une femme coupable, empêché d'en épouser une autre, ne serait pas

toujours injustement puni, parce que les torts
de la femme sont trop souvent ceux du mari,
et accusent presque toujours son choix d'intérêt ou de légèreté, son humeur de tyrannie, sa conduite de faiblesse ou de mauvais
exemple.

Le Projet de Code civil retire, il est vrai,
d'une main, ce qu'il donne de l'autre. En
même temps qu'il permet la faculté du divorce,
il en gêne l'exercice; mais c'est ici sur-tout
que la loi paraît défectueuse, et le remède
insuffisant et dérisoire.

Le législateur déclare le mariage dissoluble:
là finit son action; c'est aux personnes domestiques à se faire l'une à l'autre l'application de
la loi. Seules elles peuvent être juges des délits domestiques, parce que, seules, elles
peuvent en avoir la connaissance, et que la conviction intime qui naît pour chacune d'elles,
même de ses soupçons et de ses craintes, équi-
vaut, pour un délit domestique, à la conviction
que le magistrat chargé de poursuivre les délits publics, doit chercher dans des témoignages
extérieurs.

En effet, des cinq causes que le Projet de
Code civil assigne au divorce, deux seulement, *la diffamation publique*, et l'*abandonnement d'une partie par l'autre*, peuvent être

l'objet d'une preuve publique, parce que ces délits sortent l'un et l'autre de l'enceinte domestique ; et cela est si vrai, que la diffamation devant des domestiques seulement, ou l'abandon qui aurait lieu entre deux époux qui resteraient dans la même enceinte, séparés et sans communication entre eux, ce qui est possible et même fréquent, ne seraient pas admis comme motifs d'une demande en divorce ; les deux parties habitassent-elles aux deux extrémités d'un parc de plusieurs lieues d'étendue, si elles étaient dans la même clôture : parce que, dans ce cas, la diffamation, ni l'abandon, quoique réels, ne seraient pas publics. Mais pour les trois autres causes, les plus communes et les plus graves de toutes, 1°. la conduite habituelle qui rend la vie commune insupportable ; 2°. l'attentat à la vie d'un époux par l'autre ; 3°. l'adultère : « Où est », demande avec raison, dans son avis, le tribunal de cassation, qui, conséquent à ses principes, veut que si la loi permet le divorce, la volonté d'une partie suffise pour l'obtenir ; « où est le » fait qu'un mari, qu'une femme puissent po- » ser ? où est celui qu'ils puissent prouver ? où » est celui qu'on puisse juger » ? Une femme aura prouvé victorieusement son innocence devant les tribunaux, qu'elle sera sans retour

condamnée par son époux, et souvent par le
public : les juges n'auront pas acquis la preuve
de l'humeur fâcheuse d'un époux, tandis que sa
femme aura la conviction qu'elle est insupportable. Ils ne verront quelquefois que douceur
et soumission, là où il y aura dessein et tentative d'homicide : *le sacré caractère de la*
vertu brillera, pour eux, sur le front d'un
profane adultère. Et certes, il n'y a pas de
tyrannie moins raisonnable à-la-fois et plus
risible, que celle d'un magistrat qui, s'inter-
posant entre le mari et la femme, mécontens
l'un de l'autre, vient interroger leurs affections
mutuelles, pour juger froidement du degré de
leur éloignement réciproque, conseille à la
haine d'aimer et à la fureur de s'adoucir, prescrit des délais à l'impatience et des lenteurs à
la passion, nie à la jalousie ses soupçons (1),
et au cœur même sa blessure, et semble dire
à des époux qui s'accusent réciproquement
d'assassinat et d'adultère : « Attendez ; vous
» n'êtes pas encore assez divisés pour que je
» vous sépare ».

_____

(1) Molière a mis deux fois ce sujet en scène dans
Georges Dandin et dans le *Tartuffe*, où madame Per-
nelle s'obstine à nier ce qu'Orgon assure si plaisamment
avoir *vu*.

M 4

On a voulu gêner la faculté du divorce par les formes longues et dispendieuses qui en accompagnent la demande et en retardent la décision. Mais a-t-on bien réfléchi aux inconvéniens d'une loi facultative, qui, à cause des difficultés de son exécution, ne sera facultative que pour les passions et les faiblesses des gens riches, c'est-à-dire, de ceux qui ont en général les passions moins violentes et les humeurs plus compatibles, parce que l'éducation et les bienséances leur ont appris à les contraindre ? La faculté du divorce sera-t-elle comme ces spectacles, où le riche entre à grands frais, et se place commodément, et où le pauvre qui veut voir aussi, assiége les fenêtres et les toits; et n'est-il pas évident que là où les uns divorceront à force d'argent, les autres divorceront à force de crimes ?

J'ai fréquemment comparé, dans le cours de cet ouvrage, le divorce tel qu'il est pratiqué chez les chrétiens, à la polygamie pratiquée en Orient, parce qu'effectivement le divorce est une véritable polygamie. Les auteurs protestans eux-mêmes, ne le considèrent pas autrement, et Théodore de Béze commence ainsi son traité *de la Polygamie et du Divorce,* imprimé à Deventer :

« J'appelle polygamie la pluralité des

» mariages ; il y en a de deux espèces : ou
» un même homme épouse à-la-fois plusieurs
» femmes, ou le mariage précédent dissous, il
» épouse une autre femme » (1).

Dans les premiers temps de la réforme les
tribunaux considérèrent le divorce comme une
tolérance tacite de la polygamie; on trouve
dans un recueil d'arrêts le fait suivant, cité
en abrégé dans le Journal de Jurisprudence de
Le Brun : « T. Gautier et Jacquette Pourceau,
» mari et femme, après une séparation de fait,
» se marièrent chacun de leur côté. Le gou-
» verneur de la Rochelle les condamna à être
» exposés pendant deux heures devant le pa-
» lais, attachés chacun à un collier, l'homme
» avec deux quenouilles, la femme avec deux
» chapeaux. Il leur fut enjoint de retourner
» ensemble, et défendu d'habiter, ni de se
» remarier avec d'autres, sous peine de la vie.
» Cette sentence fut confirmée par arrêt,
» donné à la chambre de l'édit, le 23 novem-
» bre 1606 ». *Et ce jugement*, ajoute l'arrêtiste, *fut ainsi modéré, attendu que les*

---

(1) *Polygamiam voco conjugii multiplicationem, cujus
duæ sunt species. Vel enim uno eodemque tempore
plures uxores ducuntur, aut soluto matrimonio alia
uxor ducitur.* Tractatio de Polygamiâ et Divortiis. Deventer.

accusés étaient de la religion prétendue réfor-
mée. Le journal de M. Le Brun rapporte ainsi
ce fait, ou un autre semblable : « **Au rapport**
» d'un ancien arrêtiste, dit-il, N. et sa femme
» convaincus de bigamie, au parlement de
» Paris, furent condamnés seulement à l'ex-
» position, attendu qu'ils étaient calvinistes,
» et que leur loi permet le divorce » ; ce qui
veut dire que la bigamie ou la polygamie, que
nos lois punissaient d'une peine capitale, parurent aux tribunaux plus dignes d'excuse chez
des hommes à qui leur religion permettait la
dissolution du lien conjugal. Ainsi la police ne
tolérerait pas que des Orientaux, établis en
France, y pratiquassent publiquement la polygamie ; mais les lois ne les puniraient pas
pour en avoir fait usage, et n'y verraient
qu'une conséquence de leurs mœurs et de
leurs lois.

Mais si la polygamie des Orientaux est aussi
funeste à la famille que le divorce, le divorce
est en général plus dangereux pour l'Etat. En
effet, la polygamie laisse les enfans auprès de
ceux qui leur ont donné le jour, le divorce les
sépare forcément de l'un ou de l'autre. La polygamie renfermée dans le secret de la famille, se pratique sans trouble et sans scandale ; le divorce fait retentir les tribunaux de

ses plaintes, et amuse l'oisiveté des cercles de
ses révélations indiscrètes. Les Turcs achètent
la fille de leur voisin; nous, avec le divorce,
nous enlevons la femme de notre ami. En
Orient, les femmes sont réservées : « Rien
» n'égale, dit M. de Montesquieu, la modestie
» des femmes Turques et Persanes ». Par-tout
où la faculté du divorce permet à une femme
de voir dans tout homme un mari possible,
les femmes sont sans pudeur, ou du moins
sans délicatesse, parce que la pluralité des
hommes, qui est la suite du divorce, est plus
contraire à la nature et aux mœurs publiques,
que la pluralité des femmes que permet aux
hommes la polygamie d'Orient. « Si on laisse,
» dit madame Necker, aux femmes mariées la
» liberté de faire un nouveau choix, bientôt
» leurs regards erreront sur tous les hommes,
» et bientôt le seul privilége du parjure les dis-
» tinguera des actrices, qui ont le droit des pré-
» férences et le goût des changemens ».

Que sont, auprès de ces raisons naturelles,
en faveur de l'indissolubilité du lien conjugal,
tous les motifs humains qu'on peut alléguer
pour justifier la faculté de le dissoudre ? Qu'importe, après tout, que quelques individus souffrent dans le cours de cette vie passagère,
pourvu que la raison, la nature, la société ne

soient pas en souffrance ? Et si l'homme porte quelquefois avec regret une chaîne qu'il ne peut rompre, ne souffre-t-il pas à tous les momens de sa vie, de ses passions qu'il ne peut dompter, de son inconstance qu'il ne peut fixer ; et la vie entière de l'homme de bien est-elle autre chose qu'un combat continuel contre ses penchans ? C'est à l'homme à assortir dans le mariage les humeurs et les caractères, et à prévenir les désordres dans la famille, par l'égalité de son humeur et la sagesse de sa conduite. Mais lorsqu'il s'est décidé dans son choix contre toutes les lois de la raison, et uniquement par des motifs de caprice ou d'intérêt, lorsqu'il a fondé le bonheur de sa vie sur ce qui ne fait que le plaisir de quelques instans, lorsqu'il a empoisonné lui-même les douceurs d'une union raisonnable, par une conduite faible ou injuste, malheureux par sa faute, a-t-il le droit de demander à la société compte de ses erreurs ou de ses torts ? Faut-il dissoudre la famille, pour ménager de nouveaux plaisirs à ses passions, ou de nouvelles chances à son inconstance, et corrompre tout un peuple, parce que quelques-uns sont corrompus ?

Combien plus sage est la religion chrétienne ! Elle interdit aux hommes l'amour des richesses

et des plaisirs, cause féconde de mariages mal
assortis, elle ordonne aux enfans de suivre
les conseils de leurs parens, dans cette action
la plus importante de leur vie. Une fois l'union
formée, elle commande le support au plus fort,
la douceur au plus faible, la vertu à tous. Elle
s'interpose sans cesse pour prévenir les mécon-
tentemens, ou terminer les discussions. Mais
si, malgré ses exhortations, les défauts et les
vices changent le lien de toute la vie en un
malheur de tous les jours, elle le relâche, mais
sans le rompre. Elle sépare les corps, mais sans
dissoudre la société ; et laissant aux humeurs
aigries le temps de s'adoucir, elle ménage aux
cœurs l'espoir et la facilité de se réunir; et cette
religion, qui défend tout aux passions, et par-
donne tout à la fragilité ; cette religion, qui
ordonne à l'homme coupable d'espérer en la
bonté de son Créateur, ne veut pas que la
femme imprudente ou légère désespère de la
tendresse de son époux. La philosophie élève
le divorce entre des époux comme un mur
impénétrable ; la religion place entre eux la
séparation comme un voile officieux. La philosophie, qui rejette de la société humaine comme
de la religion tous les moyens de grace (1) et

_____

(1) Les philosophes qui gouvernaient ou inspiraient la

de rémission, flétrit sans retour une femme plus faible que coupable, par le sceau ineffaçable du divorce qu'elle imprime sur son front; et lui ôtant la dignité d'épouse qu'une seconde union ne saurait lui rendre, et avec laquelle, comme dit Tacite, on transige une fois et pour la vie, *cum spe votoque uxoris semel transigitur*, elle la livre sans défense à toute l'inconstance de ses penchans : mais la doctrine de celui qui a pardonné la femme adultère, plus indulgente pour la faiblesse humaine, conserve à la partie infidèle le nom de son époux, au moment où, par la séparation, les hommes lui ôtent les droits d'une femme, et veille encore sur l'honneur de celle qui n'a pas eu soin de son bonheur.

C'est à la loi civile à faire le reste; et les séparations, devenues si communes depuis quelque temps, seraient bien moins fréquentes, si la loi imposait aux époux séparés des conditions qui en fissent une peine pour tous, et non une complaisance pour aucun d'eux.

Et, par exemple, toute femme séparée de son époux, même pour violences et mauvais traitemens, devrait, à l'avenir, se retirer dans

révolution en France, en donnant au peuple le droit de condamner, avaient ôté au roi celui de faire grace.

le sein de la société religieuse, seule société
à laquelle elle appartienne encore. Cet asyle,
ouvert au repentir, à la faiblesse, au malheur,
lui offrirait, dans une union plus intime avec la
Divinité, les seules consolations que doive
chercher, et que puisse goûter une femme vertueuse délaissée par un mari injuste; ou ferait
disparaître de la société le scandale d'un être
qui est hors de sa place naturelle, d'une épouse
qui n'est plus sous la dépendance de son époux,
et d'une mère qui n'exerce plus d'autorité sur
ses enfans, et dont la conduite trop souvent
équivoque, comme l'existence, porte dans la
famille des autres le trouble qu'elle a mis dans
la sienne. Il serait également nécessaire et extrêmement utile pour les mœurs publiques,
que tout homme, séparé de sa femme, fût
obligé de renoncer, et prohibé d'aspirer à
toute fonction publique, parce qu'il est indispensable pour la famille que le chef y exerce
l'autorité par lui-même, lorsqu'il n'a plus de
ministre pour l'exercer à sa place; et sur-tout
parce qu'il est important d'apprendre aux
hommes que les fonctions publiques ne les
dispensent pas des vertus domestiques. Cette loi,
très-naturelle, serait plus efficace contre l'abus
des séparations que la faculté du divorce.

Peut-être aussi la loi devrait considérer des époux séparés comme des parens morts, et alors elle nommerait à leurs enfans un tuteur, s'ils avaient des propriétés, ou, s'ils n'en avaient pas, elle confierait leur éducation à l'administration qui, les recueillant dans les établissemens publics, les arracherait au malheur de se voir partagés entre des parens désunis, pour être élevés dans la haine d'un père ou le mépris d'une mère, héritiers de leurs ressentimens mutuels, et condamnés à les perpétuer dans des haines fraternelles.

Il faut répondre à quelques objections. On oppose l'exemple de la Pologne, où la religion catholique permet le divorce, et celui des pays protestans qui le pratiquent, dit-on, sans inconvénient; on va même jusqu'à prétendre que les mœurs y sont meilleures que dans les pays où le divorce est défendu.

1°. On nie à perte de cause que la dissolution du lien conjugal, formé avec toutes les conditions requises pour sa validité, soit permise en Pologne; et pour ne pas interrompre la suite de ces réflexions par des citations trop longues, on renvoie à la fin de l'ouvrage les pièces justificatives qui établissent formellement la fausseté d'une opinion que les hommes

instruits

instruits ne peuvent plus se permettre de soutenir (1).

Il en résulte que le mariage est indissoluble en Pologne, comme dans les autres Etats catholiques ; mais que les motifs de nullité y sont plus fréquens ou plus légèrement prononcés ; et c'est, à mon avis, une dernière preuve, mais concluante et décisive, du principe si souvent répété dans cet ouvrage, de l'homogénéité des deux sociétés, domestique et publique, religieuse et physique, et de l'analogie de leurs constitutions respectives dans toute nation. En effet, comme la Pologne est le seul état monarchique de l'Europe qui n'ait pas pu parvenir à sa constitution naturelle, la famille même catholique y est moins fortement constituée que dans les autres Etats de la même religion, et le christianisme lui-même y est en souffrance par un mélange de Grecs, de Juifs, de Sociniens, d'Anabaptistes, ou même de sectes occultes qu'on soupçonne avoir pris naissance dans ce malheureux pays, et y avoir encore leur foyer. Nation infortunée, qui, retombée depuis quelques siècles dans l'état d'enfance, a péri en voulant revenir à la virilité !

(1) Voyez à la fin les Pièces justificatives.

N

2°. Les mœurs, dit-on, sont meilleures dans les pays protestans que dans les Etats catholiques. Cette assertion, mille fois répétée par les nombreux ennemis du christianisme, demande quelque développement; et c'est ici qu'il faut distinguer la faiblesse de l'homme de la faiblesse des lois.

La licence dans les mœurs de l'homme naquit, il est vrai, en Italie, des progrès des arts, suite nécessaire des progrès du commerce favorisé par des princes qu'il avait enrichis et élevés; mais la licence dans les règles même des mœurs, ou dans les lois, commença au nord, avec les opinions de Luther, appuyées par des princes avides de nouveautés et de richesses. Les désordres en Italie étaient personnels et cherchaient l'ombre du mystère; en Allemagne, ils furent publics et autorisés; et tandis que l'Italien ourdissait une intrigue pour séduire la femme de son voisin, l'Allemand la lui enlevait en vertu d'une sentence du juge, et l'épousait par-devant notaire; et c'est ce que les Allemands appelèrent la *bienheureuse réforme*, comme nous disions en 90 *notre superbe constitution*. Bientôt, s'il faut en croire les plus zélés disciples de Luther, la dissolution de mœurs, suite infaillible de pareilles lois, fut au comble en Allemagne, et

comparable à la licence du mahométisme ; et
nous avons déjà vu que Luther lui-même permit la polygamie au landgrave de Hesse, mais
en grand secret, et même sous le sceau de la
confession, *sub sigillo confessionis* (1).

Le christianisme fut donc attaqué aux deux
extrémités de la chrétienté à-la-fois, dans
les mœurs de l'homme et les lois de la société, lorsque la chrétienté elle-même était
attaquée dans son territoire par les armes alors
si redoutables de l'empire Ottoman. Ces deux
causes de désordre, la licence dans les arts et
la faiblesse dans les lois, ont, depuis ce temps,
marché parallèlement dans la société, jusqu'au
moment où la philosophie moderne, qui se
compose à-la-fois des opinions les plus faibles
sur les lois, et du goût le plus décidé pour les
arts, a combiné en France, comme dans un
foyer placé au centre de l'Europe, ces deux
principes de désordre domestique et public :
épouvantable combinaison, dont l'explosion
violente a réagi à-la-fois contre le nord et

_____

(1) La consultation extrêmement curieuse du landgrave de Hesse, et la décision non moins curieuse de Luther et de sept autres fameux docteurs de son parti, fut
publiée en 1679, en forme authentique, par le prince Pa-
latin, avec l'instrument du second mariage. On les trouve
dans l'*Histoire des Variations*.

N 2

contre le midi; semblable à ces détonations
terribles, subitement produites par le mélange
de deux liqueurs.

Les arts du-midi avaient pénétré au nord,
quoique avec lenteur, à la suite des richesses
que le commerce produit; mais des causes politiques et religieuses avaient empêché dans le
midi la propagation publique des principes de
la réforme. Il y avait donc dans l'Europe protestante un principe de licence de plus que
dans l'Europe catholique; et comment la raison pourrait-elle admettre que des causes en
plus grand nombre produisissent moins d'effet,
sur-tout si l'on considère que la religion catholique avec son culte *sensible* et ses pratiques
gênantes, impose à nos passions un frein plus
présent et plus sévère, en même temps qu'elle
nous offre dans les règles austères de quelques institutions, toujours plus fortes que les
hommes, des modèles de détachement de tous
les plaisirs?

Je ne crains donc pas d'affirmer qu'il y avait
depuis long-temps plus de désordres du genre
de ceux dont il est question ici chez les peuples
protestans, que dans les Etats catholiques : je
dis les peuples; car, là où, comme en France,
il n'y a que des individus mêlés à une population nombreuse de catholiques, on ne distingue

pas de différence dans les habitudes. Je citerai à l'appui de mon assertion, le major
Weiss, sénateur de Berne, connu par son atta-
chement à la révolution française, dont il a voulu, trop tard, empêcher les progrès dans sa patrie, et qui montre dans ses écrits une extrême
prévention pour les nations protestantes : « Les
» deux nations les plus *mâles* (1) de l'Europe,
» dit-il dans ses *Principes philosophiques*, l'an-
» glaise et la prussienne, sont celles où les fai-
» blesses de l'amour sont traitées avec le plus
» d'indulgence ». Chez les Anglais, le théâtre
est d'une indécence révoltante, et M. Hugh
Blair, célèbre professeur de belles-lettres
d'Edimbourg, remarque que les Français, particulièrement, en sont choqués. Berlin est
la ville de l'Europe la plus corrompue. Depuis long-temps, à Genève, la licence des
principes l'avait emporté sur le rigorisme des
formes, et il y avait plus de désordres que
dans toute ville de France du même rang. Les
mœurs, en France, étaient bonnes dans les

(1) C'est un compliment que M. le major Weiss adresse
à deux nations, dont l'une enrichissait la Suisse de ses
guinées, et dont l'autre accordait sa protection au canton
de Berne. Les nations les plus mâles sont les nations les
plus fortes et les meilleures, et ce n'est, en Europe, ni
l'anglaise ni la prussienne.

campagnes, et décentes au moins dans les
grandes villes : il y a des départemens où,
même aujourd'hui, le divorce est inoui, et où
le peuple n'en verrait le premier exemple
qu'avec horreur. Enfin, là où l'identité de cli-
mat, de productions, d'alimens, les mêmes
institutions politiques, les mêmes habitudes
domestiques, une ignorance égale des arts
agréables, permettent d'établir entre les peuples des deux communions un parallèle parfaitement exact, je veux dire en Suisse, l'avantage reste tout entier aux catholiques, et les
mœurs étaient aussi pures à Fribourg, qu'elles
étaient dissolues à Berne. Je m'appuie encore
ici de l'autorité de l'écrivain Bernois. « Je ne
» connais pas, dit-il, de pays en Europe où le
» gros du peuple soit moins continent que dans
» le canton de Berne » ; et il en cite des exemples fort étranges, qui rappellent les usages des
Lapons envers leurs hôtes, ou ceux des insu-
laires de la mer du Sud.

D'ailleurs, il faut observer que même à égalité de désordres, la faiblesse des mœurs est
plus apparente, là où elle contraste davantage
avec la sévérité des lois. L'ivresse, qui n'est
pas même remarquée en Angleterre, est un
phénomène en Espagne ; et dans tous les pays
où le divorce est permis, c'est un bon ménage

que celui où les époux ne forment pas ailleurs
de nouveaux liens.

« C'est en vain, dit Madame Necker, qu'on
» voudrait faire valoir en faveur du divorce, la
» bonne intelligence des époux dans les pays
» protestans, et la pureté des mœurs domes-
» tiques dans les premiers siècles de Rome.
» Cet argument me paraît nul ; car il prouve
» seulement que la permission du divorce n'a
» aucune influence dangereuse dans les lieux
» où l'on n'en profite jamais ». En un mot,
attribuer les bonnes mœurs d'un peuple à la
faculté du divorce, dont il n'use pas, c'est
faire honneur de la bonne santé des habitans
d'une contrée, à un médecin du voisinage qui
n'y serait jamais appelé.

Au fond, la bonté ou la corruption des
mœurs conjugales est moins dans les actions
qui en résultent, que dans le sentiment dont
elles émanent. Un peuple, livré à l'amour du
gain, comme le sont en général les peuples
presbytériens, est moins accessible à tout autre
sentiment. Là, si l'homme est bon, il l'est sans
vertu, parce qu'il l'est sans effort, et il n'y a
pas de grands désordres dans les affections humaines, parce qu'il y a peu d'affection entre
les hommes. *Magis extra vitia quàm cum vir-
tutibus.*

N 4

Mais comment, après tout, ose-t-on alléguer, en faveur du divorce, la pratique des nations protestantes, lorsqu'on les voit elles-
mêmes, fatiguées de la licence qu'il a intro-
duite, chercher dans les mœurs un remède
contre la loi ; des protestans eux-mêmes (1)
écrire contre le divorce ; et le parlement d'Angleterre, persuadé qu'il n'est plus aujourd'hui
qu'un moyen d'adultère, occupé à se préserver
des effets désastreux d'une loi dont il fut le premier auteur ?

Et qu'on ne s'y trompe pas ; si l'on remar-
quait encore il y a trente ou quarante ans quelque rigidité de mœurs, ou plutôt quelque
rigorisme, chez les peuples qui obéissent à
la réformation, il faut l'attribuer uniquement
à cette jalousie de secte, qui, en présence
d'une religion plus sévère, retenait les peuples
sur la pente rapide de la corruption où les
place l'imperfection de leurs dogmes. La religion catholique gouvernait dans ce sens la
religion presbytérienne, comme les monar-
chies d'Europe en gouvernaient les démocraties. Et l'on ne peut pas douter que les mœurs
dans toute la chrétienté ne devinssent pires
qu'elles ne l'ont été sous le paganisme, ou

_____

(1) Madame Necker, et D. Hume, 18e. Essai.

même en France, au temps où l'on plaçait le vice sur les autels et la vertu sur l'échafaud, s'il n'y avait d'autre digue à leur débordement que les sentences de la philosophie, ou les phylactères des théophilantropes (1).

Ôtez le catholicisme de l'univers, et le divorce y deviendra pire que la polygamie d'Orient, cet état imparfait de société domestique, et contre la nature de la société publique, qui produit l'esclavage, l'exposition des enfans, l'oppression de toutes les faiblesses de l'humanité, et qui n'est séparé de la promiscuité des brutes, que par la réclusion d'un sexe et la mutilation d'un autre.

Je ne crains pas de le dire ; si le divorce est décrété en même temps que l'exercice de la religion catholique est rétabli, le peuple croira, ou que l'on veut au fond détruire la religion, ou que la religion permet le divorce ; et l'une ou l'autre de ces opinions peut produire de grands désordres. On ne le répétera jamais assez : le divorce ne fut, en 1792, qu'une *conséquence ;* on pouvait tout décréter alors ;

_____

(1) Ces phylactères étaient des sentences morales que les Pharisiens étalaient sur leur poitrine et sur leur front, et que nos théophilantropes affichent sur les murs des lieux où ils s'assemblent.

le temps et les hommes prémunissaient assez contre la séduction. Aujourd'hui le divorce sera regardé comme *un principe*, et la différence est incalculable.

Je finirai par une réflexion importante. Les mariages, qui sont faits pour unir les familles d'une même contrée, deviendraient par leur dissolution, chez un peuple sensible et délicat, juste appréciateur du bienfait et de l'offense, une source féconde de haines héréditaires, qui ramèneraient la société à l'âge des guerres privées et de la vindicte domestique ; et il n'y a pas de petite ville en province qu'un seul divorce ne pût mettre dans la plus grande confusion. Le *Journal de Paris* éleva, il y a quelques mois, cette question : *Si l'opposition dans le corps législatif peut être aussi véhémente en France qu'elle l'est en Angleterre.* Il allégua, pour établir la négative, des raisons qui, toutes, conviennent bien mieux à la question que nous examinons ici, et soutint, avec fondement, que chez un peuple comme le Français, qui *se nourrit de pain et de vin*, un outrage personnel ne reste pas impuni, et, à bien plus forte raison, un outrage domestique ; car la vindicte domestique, différente de la vengeance personnelle, n'était, chez les Francs, et n'est par-tout, que le

supplément à la vindicte publique, et une marque certaine de l'insuffisance et de la faiblesse
des lois politiques.

L'autorité publique ne doit jamais perdre de
vue que la religion même, en même temps
qu'elle ordonne à l'homme de pardonner, enjoint au pouvoir de punir; « car, dit-elle, ce
» n'est pas en vain qu'il porte le glaive ». *Non
enim sine causâ gladium portat.* De là vient
qu'autrefois, là où les tribunaux ne pouvaient
pas juger, ni par conséquent punir, l'autorité
publique permettait la vindicte à l'homme dans
le combat judiciaire ; et qu'encore aujourd'hui,
la vengeance personnelle est plus commune
dans les pays où, comme en Italie, la vindicte
publique est exercée avec moins de force. Notre
procédure par jury, en matière criminelle, est
un reste de l'ancien jugement domestique qui
précède le jugement public et l'administration
régulière de la justice ; nouvelle preuve du
rare discernement de nos philosophes, qui,
en tout, ramènent la nation de l'Europe la
plus avancée aux habitudes imparfaites de son
premier âge.

Il faut donc revenir à une législation plus
forte, et interdire aux passions tout espoir de
se satisfaire légalement.

Il faut se pénétrer de cette vérité, que les

lois faibles ne conviennent qu'aux peuples naissans, et qu'elles doivent être plus sévères, à mesure que la société est plus avancée et l'homme plus relâché. Ainsi l'homme fait a des devoirs à remplir bien plus étendus et bien autrement obligatoires que ceux auxquels l'enfant est soumis.

Il est temps que le pouvoir public reconnaisse qu'il a empiété sur le pouvoir domestique, et qu'il ne peut rétablir les bonnes mœurs qu'en lui rendant ses justes droits, puisque les bonnes mœurs ne sont que l'observation des lois domestiques. Les choix seront plus prudens, lorsque les suites seront plus sérieuses : le pouvoir sera plus doux, lorsqu'il ne sera plus disputé, et que la femme n'aura ni la propriété de sa personne, ni la disposition de ses biens. La paix et la vertu s'asseyeront aux foyers domestiques, lorsque la loi de l'État maintiendra entre le père, la mère et les enfans, les rapports naturels qui constituent la famille, et qu'il n'y aura, dans la société domestique, comme dans la société publique, ni confusion de personnes, ni déplacement de pouvoir.

CHAPITRE XII.

Conclusion.

« Législateurs, car c'est à vous seuls que je m'adresse, ceux dont vous avez recueilli l'héritage ont proclamé la souveraineté du peuple, et c'est en son nom qu'ils lui ont donné des constitutions politiques, et que vous lui donnez vous-mêmes des lois civiles. Mais la nation française vous a-t-elle donné, a-t-elle pu même vous donner le pouvoir de dénaturer sa constitution domestique, inébranlable fondement de l'édifice qu'elle habite depuis tant de siècles ? Avez-vous pu croire que les pères de famille, réunis dans les assemblées primaires, aient consenti à abdiquer en vos mains le pouvoir domestique, qu'ils tiennent de la nature même, afin que leurs femmes reçussent de la loi le pouvoir de s'élever contre eux, de discuter leurs actions, de les traîner devant les tribunaux, d'y faire prononcer leur déposition, pour transporter en d'autres mains l'autorité maritale, ou soustraire leurs enfans à l'autorité paternelle ? Non ; le peuple français n'a pas oublié à ce point la nature, la raison et sa dignité ; et si vous en doutez, voyez avec

quelles marques éclatantes d'improbation il
rejette au théâtre (1) cette loi qui est l'objet
des plus sérieuses délibérations des autorités
publiques ; et vous-mêmes, législateurs, ne
la marquez-vous pas, à sa naissance, du sceau
de la réprobation, et ne dirait-on pas, aux
difficultés dont vous entourez son exécution,
que vous ne nous la permettez qu'à condition
que nous n'en ferons jamais usage ?

» Une partie de la nation, dites-vous, professe une religion qui tolère le divorce (2)...
Mais comptez-vous pour rien la nation entière, qui professe une religion qui le défend ?
Et si vous ne pensez pas devoir ôter à quelques-uns ce qui n'est pour eux qu'une simple
faculté, pourquoi permettez-vous au plus grand
nombre ce qu'ils regardent comme un crime ?

» Vous accordez le divorce, parce qu'une
partie de la nation professe une religion qui en
tolère la faculté...; mais permettriez-vous le

_____

(1) A la représentation de la pièce de l'*Aimable Vieil-
lard*, que les spectateurs ne voulurent pas laisser achever.
Encore la proposition du divorce n'y était-elle que si-
mulée.

(2) Depuis l'accroissement de la France, et par les
derniers recensemens, les protestans des deux communions font à-peu-près le quarantième de la population
totale.

vol aux sectateurs d'une religion (et il y en a eu) qui établirait en principe la communauté des biens?

» Vous respectez la faculté du divorce comme une tolérance de la religion protestante, et vous ne respectez pas la séparation qui est une tolérance de la religion catholique! Vous permettez aux uns la rupture du lien conjugal, trop souvent sollicitée par de folles passions ou de vils intérêts, et vous en interdisez aux autres tout relâchement, souvent nécessaire pour prévenir de plus grands éclats, et quelquefois les derniers malheurs! et vous placez les citoyens les plus attachés aux maximes sévères de leur croyance, dans une situation au-dessus des forces de l'homme, parce qu'elle est contraire à sa raison, entre deux devoirs contradictoires et également impérieux (1)!

» Mais, au fond, il n'y a pas, même sur cette question, entre les deux partis que votre loi imprudente fait revivre, autant d'opposition que vous en supposez.

» Le principe de l'indissolubilité naturelle du lien conjugal est universellement reçu de toutes les communions chrétiennes; et non seulement les réformés le reconnaissent dans

(1) Le Code civil a admis la séparation.

la spéculation, mais ils le suivent dans la pratique, puisque par-tout où la faiblesse de leur doctrine est contenue par la présence d'une doctrine plus sévère, ils ne font que rarement usage du divorce, même autrefois en France, quoique leurs mariages, loin d'y être garantis par la loi, n'y fussent pas même connus du législateur. Mais les protestans diffèrent des catholiques sur la question du mariage, en ce que les protestans en croient l'indissolubilité naturelle, et ne la croient pas religieuse, et que les catholiques croient l'indissolubilité religieuse, à cause qu'elle est parfaite ou naturelle, et qu'elle a été·ainsi *au commencement*. Ils croient qu'il n'y a rien de plus religieux que ce qui est naturel ou bon ; que l'homme ne peut dissoudre ce que la nature, et, par conséquent, son auteur a uni ; car c'est là le sens de ce passage : *Quod Deus conjunxit, homo non separet;* et que le législateur universel, dont toutes les communions chrétiennes reconnaissent la divine sagesse, venu, dit-il lui-même, *pour accomplir la loi,* c'est-à-dire, pour la perfectionner en la conformant en tout à la nature des êtres, n'a pu rien permettre de contraire à la nature. Les rédacteurs du Projet de Code civil établissent eux-mêmes le principe de l'indissolubilité naturelle du

du lien conjugal, lorsqu'ils disent : « Que
» le mariage, considéré en lui-même et dans
» ses *rapports naturels*, offre l'idée fondamen-
» tale d'un contrat perpétuel par sa destina-
» tion, et que le vœu de la perpétuité dans le
» mariage, paraît le vœu même de la nature » ;
et cependant ils concluent contre le principe
des catholiques, contre le principe des protestans, contre leur propre principe, contre la
nature, contre la raison, qui dit que ce qui est
indissoluble par la nature, ne peut être dissous par l'homme; ils violent la conscience du
plus grand nombre, pour faire jouir la conscience du plus petit d'une simple tolérance ; ils
induisent ceux-ci à devenir coupables, de peur
d'obliger ceux-là à être conséquens; et ils affai-
blissent les forts, quand il faudrait aider et en-
courager les faibles.

» Vous ne voulez pas gêner les croyances
religieuses.... Si vous enjoigniez aux protestans de croire *la présence réelle*, ou aux catholiques de croire *l'inamissibilité de la justice*,
vous gêneriez des croyances religieuses; mais
aussi vous ne seriez pas obéis, parce que les
croyances, religieuses ou politiques, sont hors
de votre compétence. Mais le divorce est, non
pas une croyance, mais une action sociale,
c'est-à-dire, domestique dans son principe,

O

publique dans ses effets, comme le mariage et
comme l'homme lui-même; une action que la
religion prescrit ou défend, comme toutes les
actions sociales; car, remarquez que la séparation, qu'elle ne fait que permettre, n'est pas
une action sociale, puisqu'il n'en résulte aucun
nouvel état de société : or, vous prétendez
avoir le droit de permettre, d'interdire, de
régler les actions sociales, même religieuses,
qui, exercées hors de l'enceinte des temples,
rentrent dans la classe des actions civiles. Ainsi
vous avez changé la loi fondamentale du culte
religieux, qui consacre le septième jour au repos physique, en ordonnant ce jour-là les travaux publics, ou permettant les travaux domestiques, et fixant au dixième jour le repos
hebdomadaire (1); ainsi vous interdisez les cé-
rémonies du culte et les vêtemens religieux
hors des temples, actions bonnes en elles-
mêmes, ou tout au moins indifférentes; et vous

---

(1) La loi du dimanche ne prescrit la suspension de l'action physique et domestique, qu'afin que l'homme puisse
vaquer à l'action religieuse ou au culte. Le décadi, au
contraire, est un jour de repos absolu, et rien dans la
nature, hors Dieu seul, ne repose. Voyez dans un petit
ouvrage, composé par un homme très-instruit, et imprimé chez Didot, les raisons naturelles de l'ancienne di-
vision du temps.

semblez croire qu'un divorce est moins extérieur qu'une procession, ou moins attentatoire
à l'ordre public qu'un habit long. Vous respectez, dans le divorce, une croyance religieuse....; mais vous ne permettriez pas à des
Chinois établis en France, et maîtres, par vos
lois, d'y exercer leur culte, de sacrifier leurs
enfans à l'*esprit du fleuve*, en les noyant même
dans leurs temples; aux veuves indiennes, de
se faire brûler sur le corps de leurs époux, aux
Turcs même, d'avoir des *harems* au milieu de
Paris, quoique leurs croyances religieuses leur
permettent ou leur prescrivent toutes ces actions. Direz-vous que l'infanticide est plus opposé à la nature que le divorce mutuel, ou la
répudiation du mari par la femme? L'infanticide détruit l'homme; le divorce dissout la
société. L'enfant n'est pas naturellement immortel; le mariage est naturellement indissoluble. L'exposition des enfans ne produit pas
le divorce; le divorce produit l'abandon des
enfans, et souvent compromet leur vie. Les
mœurs, à Rome, auraient résisté à la loi atroce
de l'infanticide, pratiquée dès les premiers
temps, et elles ne purent résister à l'usage fréquent du divorce, qui s'introduisit sur la fin
de la république, parce que l'infanticide est
l'abus de l'autorité paternelle, et que le divorce

est l'anéantissement du pouvoir domestique.

» Vous ne voulez pas gêner les croyances religieuses.... Mais est-ce la croyance de la faculté du divorce, ou la croyance de l'indissolubilité du lien conjugal qui est une croyance religieuse ? Je vois ce qu'il y a de religieux à croire que la société, instituée par Dieu contre les passions humaines, ne peut être dissoute par l'homme, et au gré de ses caprices; que le mariage, qui doit être le remède de la volupté, n'en serait que l'aiguillon et le moyen, si la faculté du divorce livrait sans cesse de nouveaux objets aux desirs de l'homme; et que le père des humains n'a pas établi entre ses enfans une société où l'être faible, livré sans condition au plus fort, ne trouvât pas, contre ses propres passions, une protection perpétuelle en échange d'un sacrifice irrévocable. Hors de-là, je suis loin de voir des croyances religieuses, je ne vois pas même des croyances raisonnables.

» Prenez-y garde : le divorce ne pourrait être une tolérance religieuse que pour ceux qui voient dans le mariage un lien religieux, et qui, comme les Juifs, en permettraient la dissolution à la même autorité qui l'a formé. Mais comment peut-il être une faculté religieuse pour ceux qui ne voient rien de sacré.

dans l'institution ? Par quelle inconséquence faire de la faculté du divorce un dogme, quand on ne fait pas du mariage un sacrement ? et comment une loi civile, donnée par Solon à un peuple idolâtre, peut-elle être une faculté religieuse donnée par Jésus-Christ à des chrétiens ?

» Mais, après tout, la religion chrétienne ne tolère rien; ni le mal, puisqu'elle le défend; ni le bien, puisqu'elle l'ordonne. Elle ne tolère que la perfection, c'est-à-dire qu'elle la conseille; et bien loin de tolérer le divorce qui donne à l'homme la faculté de renvoyer la fille de son prochain, et d'épouser sa femme, elle permet la faculté du célibat, en permettant à l'homme de se destiner au ministère de la société religieuse. Et il n'y a pas à s'en étonner, ni, comme l'ont fait nos philosophes, à en prendre occasion de déclamer contre la religion, puisqu'on voit la société politique, forcée d'employer à son service toute la jeunesse d'une nation, lui rendre le célibat indispensable, et condamner même le plus grand nombre à une mort prématurée, avant d'avoir goûté les douceurs du mariage.

» Il est temps de le dire : le divorce est une opinion purement humaine; et certes lorsque tous les partis convenaient de l'indissolubilité naturelle du lien conjugal, il y avait peu de philosophie à en conclure qu'il pouvait être humainement dissous. C'est cependant cette conclusion que tirèrent les réformateurs du seizième siècle; mais au fond, législateurs, qui êtes venus vous-mêmes réformer une grande nation, leurs droits à réformer étaient-ils meilleurs que les vôtres ? Leurs partisans ne leur attribuent aujourd'hui aucune mission divine, et ils n'avaient pas, comme vous, été envoyés par des assemblées électorales : ou si l'on voulait, aujourd'hui comme de leur temps, regarder la propagation rapide de leur doctrine comme un miracle qui prouve la vérité de leur mission, quel avantage n'auriez-vous pas sur eux, même sous ce rapport ? Luther, au seizième siècle, entraîna des Allemands et des Suisses, et vous, au dix-neuvième siècle, vous vous êtes fait obéir par des Français (1).

_____

(1) Les sectateurs de Luther regardaient les progrès rapides de sa doctrine comme un miracle qui prouvait sa mission; et certes, il est vrai que les opinions de Luther firent à leur naissance bien plus de bruit que la doctrine même de l'Evangile. Il est des opinions qui font explosion comme un volcan, et qui entraînent tout comme des torrens grossis par l'orage; il est des doctrines qui gagnent peu-à-peu, et par des progrès insensibles, *comme la pâte qui fermente*, ou comme *la graine* qui prend racine avant de s'élever et de *devenir un grand arbre*.

» Plus éclairés aujourd'hui par les progrès des temps et des lumières, et plus forts par les moyens dont vous disposez, osez (1) réformer les réformateurs eux-mêmes: tant d'autres l'ont fait depuis qu'ils ont paru. Ne parlez pas au nom de l'église catholique, on ne vous croirait pas; parlez au nom de la nature et de la raison, et l'on vous écoutera. Que dis-je ? les réformateurs eux-mêmes réformeraient aujourd'hui leurs principes, et ils jugeraient qu'au dix-neuvième siècle, au siècle des richesses et des arts, le divorce doit produire des effets bien plus funestes qu'il n'en a produits au seizième siècle, lorsqu'il n'y avait encore ni grandes villes, ni commerce, ni théâtres, ni promenades publiques, ni statues, ni romans, que les époux ne connaissaient que leurs foyers, et les citoyens d'autres lieux publics que l'hôtel de ville et l'église; et déjà ne voyons-nous pas leurs descendans, fatigués du joug intolérable de la licence, s'élever contre la faculté du divorce, et le parlement d'Angleterre

---

(1) La délibération seule pour savoir si l'on doit admettre le divorce ou le rejeter, est un coup mortel porté à la religion protestante comme à la religion catholique; car si l'on a pu admettre le divorce contre les principes de l'une, on pouvait le rejeter contre les opinions de l'autre.

O 4

délibérer sur son insuffisance ? Entendez madame Necker, toute attachée qu'elle est à la
religion calviniste, approuver sur ce point la
doctrine de l'église catholique. « Avant de
» blâmer, dit-elle, les pères de l'église, qui
» ont élevé le mariage au rang des sacremens,
» s'il fallait connaître le principe de cette déci-
» sion. Un peu de réflexion nous persuadera
» que *rien n'était plus conforme* à l'indication,
» aux lois et aux droits de la nature : car faire
» du mariage un contrat simplement civil, c'est
» prendre, pour base de cette institution, la
» circonstance la moins importante. Et en effet,
» la fortune, l'état, toutes les convenances du
» ressort civil, sont de simples accessoires dans
» un engagement destiné à l'association des
» cœurs, des sentimens, des réputations et des
» vies ; et puisque toutes les grandes affections
» ont été constamment jointes à des idées re-
» ligieuses, puisque, dans la société, les ser-
» mens cimentent tous les engagemens que la
» loi ne peut surveiller, pourquoi excepter le
» mariage de cette règle générale, le mariage
» dont la parfaite pureté ne saurait avoir de
» juge et de témoin que notre propre con-
» science ? L'exclusion de la polygamie et
» du divorce, dit M. Hume (dix-huitième
» Essai), fait suffisamment connaître l'utilité des

» maximes de l'Europe, par rapport aux ma-
» riages ».

» Ici même les inconséquences se multiplient : le Code civil propose le divorce, à
cause des luthériens et des protestans ; et il
ne le propose ni comme Luther, ni comme
Calvin. En effet, Luther, dans son premier
ouvrage *de la Captivité de Babylone*, desire
que le lien conjugal puisse se dissoudre pour
cause d'adultère ou de désertion malicieuse ;
mais encore timide, il n'ose le déclarer dissous. Trois ans après, devenu sans doute plus
habile ou moins retenu, il permet le divorce
pour ces deux motifs, et même pour quelques
autres. Mélancthon, le plus savant de ses disciples, réduit les causes à deux, l'adultère et
l'abandon. Calvin dissout le lien conjugal pour
cause d'adultère, ou lorsqu'une des deux parties étant chrétienne veut se séparer de la
partie idolâtre ; en sorte que, laissant à part
les variations des chefs et les extravagances de
quelques disciples, entre autres de *Bucer*, qui
permettait le divorce pour le plus léger mé-
contentement, les réformés de toutes les sectes
conviennent dans ce seul point, que le lien
conjugal est dissous pour cause d'adultère et
d'abandon.

» Les législateurs de 92 viennent à leur tour ;

ils enchérissent sur ceux qui les ont précédés ;
en décrétant le divorce pour incompatibilité
d'humeur; et même les rédacteurs du Projet
de Code civil déclarent la demande en divorce
admissible, *pour délits et crimes de l'un des
époux envers l'autre*, c'est-à-dire, comme
l'explique le Projet, 1°. *pour sévices et mauvais traitemens, et la conduite habituelle de
l'un des époux envers l'autre, qui rend à celui-
ci la vie insupportable ;* 2°. *par la diffamation
publique ;* 3°. *par l'abandonnement du mari
par la femme, ou de la femme par le mari ;*
4°. *par l'attentat d'un époux à la vie de l'autre ;* 5°. enfin, et comme par post-scriptum,
*par l'adultère de la femme, accompagné d'un
scandale public, et prouvé par des écrits émanés d'elle, et par celui du mari qui tient sa
concubine dans la maison commune.* En sorte
que de toutes les causes de divorce, la plus
commune à-la-fois et la plus légitime, la seule
autorisée dans l'Evangile, selon les protestans,
et qui donne lieu, selon les catholiques, à la
demande en séparation, l'adultère, est précisément celle qu'il deviendra désormais impossible de prouver : car les femmes sont bien
averties par cette loi, qu'elles peuvent tout
permettre à leur faiblesse, hors d'écrire à leurs
amans ; les hommes tout permettre à leurs

passions ; hors de loger la concubine sous le même toit que l'épouse ; et à moins d'une so-lennelle prostitution sur les places publiques, comment prouver aucun *scandale public* là où l'extrême facilité des mœurs permet toutes les légèretés, et ne connaît presque plus d'incon-séquence ? Et certes, on ne peut s'empêcher de remarquer quelle terrible oppression pesera sur la femme, dont l'état, et l'honneur tien-dront désormais à un écrit, dans un temps où l'art d'altérer, d'enlever, de contrefaire les écritures, a été porté à une si déplorable per-fection (1).

» Admirez cependant le progrès de cer-taines doctrines, et comment l'homme, une fois écarté du sentier étroit de la vérité, s'é-gare à mesure qu'il avance dans les routes infi-nies de l'erreur, et ne peut trouver le repos qu'en revenant au point fixe d'où il est parti. Graces à la force de nos lois, et malgré la frivo-lité de nos mœurs, les formes du mariage étaient, en France, plus sévères, et ses effets beaucoup mieux assurés de nos jours qu'ils ne

---

(1) Le tribunal de Mayence vient de prononcer le di-vorce entre le comte et la comtesse de Linange-Gun-tersblum, qui ont eu ensemble plusieurs enfans, pour une *lettre injurieuse* écrite par le mari à la femme.

l'étaient autrefois. La nécessité de la présence
du propre pasteur, pour la validité des mariages,
prévenait les unions clandestines ; la nécessité
du consentement des parens empêchait les engagemens imprudens ; et la bâtardise même, en
dépit de la philosophie, devenoit de jour en
jour plus déshonorante. Et même dans les
hautes classes de la société, le divorce, toléré
par les constitutions des empereurs grecs, la
répudiation quelquefois pratiquée chez les
Francs, avaient disparu de nos lois et de nos
mœurs, et le christianisme travaillait depuis
quinze siècles à conduire l'homme à la perfection de l'âge viril, en lui donnant sur ses devoirs des idées plus justes, rendues sensibles par
une expression plus décente dans le discours : et
voilà que dans moins de trois siècles, une sagesse purement humaine, tantôt sous un nom,
tantôt sous un autre, a fait rétrograder la société jusqu'aux habitudes imparfaites du premier âge, et l'a même rejetée au-delà de la
barbarie de l'état le plus sauvage ; comme si les
êtres moraux étaient, dans leurs progrès, soumis à des lois semblables à celles des corps
graves dans leurs mouvemens, aussi retardés
dans l'ascension qu'ils sont accélérés dans la
chute.

» En effet, avant Luther et Calvin, il y avait

des passions parmi les hommes, comme il y en
a eu depuis, comme il y en aura toujours; mais
il n'y avait, dans le monde chrétien, ni divorces, ni séparations, et même on n'était
pas loin du temps où les papes contenaient les
peuples, encore grossiers et peu éclairés, par
de grands exemples, et frappaient de leurs
censures les rois qui contractaient des nœuds
illégitimes, ou qui brisaient des nœuds solen-
nels. A peine la réformation a ouvert aux passions la porte du divorce, qu'elles s'y préci-
pitent en foule, *quâ datâ portâ ruunt;* et
lorsque les divorces commencent parmi les
protestans, l'usage, et bientôt l'abus des séparations, s'introduit chez les catholiques, et
va toujours croissant. La philosophie paraît à
la fin des temps, et non-seulement elle permet,
comme les chefs de la réforme, la dissolution
du lien conjugal, mais elle le permet avec
toutes les variantes de leurs disciples : elle y
ajoute les siennes, et le permet pour toutes
sortes de motifs, et même *pour incompatibilité
d'humeur;* ou, ce qui revient à-peu-près au
même, *pour conduite habituelle qui rend la
vie commune insupportable.* Car que ne peut-
on pas comprendre sous le vague de cette expression, aujourd'hui qu'avec le dégoût des
plaisirs domestiques, causé par la profusion des

plaisirs publics, ou par l'excès des plaisirs clan-
destins., tant d'hommes et de femmes, consu-
més de dégoûts et d'ennui, loin de pouvoir se
supporter mutuellement, blasés sur toutes les
jouissances, et même sur la vie, ne peuvent
plus se supporter eux-mêmes ? Le divorce est
permis pour des motifs tels que nul contrat,
dans la vie civile, ne serait possible, s'il pouvait être résilié sur des prétextes aussi vagues.
Encore une législature, et nous tombons dans
la communauté des femmes et la promiscuité
des brutes; car la faiblesse de l'autorité maritale ne permettrait pas de s'arrêter à la polygamie des orientaux. Les législateurs futurs auraient, pour justifier la communauté des sexes,
les motifs que les législateurs passés et présens
ont eus pour proposer une faculté de divorce
aussi étendue ; et si les uns y ont été détermi-
nés par la fréquence des séparations, les autres
s'excuseraient sur la multitude des concubi-
nages. Car, n'en doutez pas, législateurs, déjà
l'on contracte moins, et bientôt on ne contrac-
tera plus des liens avilis par l'extrême facilité
de les rompre. « Du temps que les divorces
» étaient en vogue chez les Romains, dit Hume
» dans ses *Essais*, les mariages étaient rares au
» point qu'Auguste se vit obligé de forcer
» les citoyens à se marier ». Et quel intérêt

pourrait faire supporter à l'homme les soins et les embarras domestiques, dans un pays où l'homme, avec une femme et des enfans, n'est pas sûr, graces à la faculté du divorce, d'avoir jamais une famille ?

» Ainsi, depuis trois siècles qu'une philosophie humaine dicte des lois à l'Europe, elle lui a donné le divorce, la démagogie, l'indifférentisme pour toute religion. La France, sa dernière conquête, a supporté le poids de ses mépris et de son orgueil ; vil sujet de toutes les expériences, et jouet de tous ses caprices, elle en a reçu, le temps de *la terreur*, le règne des *sans-culottes*, la doctrine de Chaumette et de Marat, la tyrannie de Robespierre, le culte de la déesse Raison, et elle a pu s'appliquer ce que Tacite dit avec tant d'énergie des Bretons, derniers venus sous la domination romaine : « *In hoc orbis terrarum vetere famulatu novi nos et viles in excidium petimur* ».

» Ainsi les mœurs de l'homme se sont corrompues à mesure que les lois de la société se sont affaiblies, et les lois se sont affaiblies à mesure que les mœurs se sont corrompues ; ainsi les lois ont servi d'aiguillon aux desirs, lorsqu'elles n'ont plus servi de frein aux passions. Et qu'on ne donne pas comme une preuve de la nécessité du divorce la fréquence des

séparations. Législateurs, connaissez la nature
humaine et ses penchans : si vous décrétiez aujourd'hui qu'il est permis aux enfans de repous-
ser par la force les vivacités de leurs pères,
demain vous seriez entourés de parricides.

» La loi, direz-vous, permet le divorce ;
mais, loin de l'ordonner, elle en gêne la faculté. Mais s'agit-il de rendre le divorce difficile, ou de rendre le mariage honorable ? Les
passions qui luttent aujourd'hui contre la loi de
l'indissolubilité, respecteront-elles les barrières
dont on entoure le divorce ? et n'y en eût-il,
comme chez les Romains, qu'un exemple au
bout de plusieurs siècles, la législation française
en est-elle moins déshonorée dans son principe,
et la nation française moins affaiblie dans ses
lois ? La loi n'ordonne pas le divorce.....
Législateurs, chez un peuple peu avancé dans les
arts, la tolérance du divorce est sans danger,
parce qu'elle est sans exemple. A cet âge de la
société, l'homme ne voit dans la femme que la
mère de ses enfans, et la gouvernante de sa
maison. Son amour pour elle est de l'estime, et
l'amour de la femme pour son époux est du
respect. La virginité, la chasteté sont en honneur ; et tous ces raffinemens de sensibilité,
qui présentent un sexe à l'autre sous des rapports de jouissance personnelle et d'affections
sentimentales,

(225)

sentimentales, sont inconnus à leur simplicité. Mais lorsqu'une société en est venue à ce point, que les folles amours de la jeunesse, aliment inépuisable des arts, sont devenues, sous mille formes, l'entretien de tous les âges; lorsque l'autorité maritale y est une dérision, et l'autorité paternelle une tyrannie; lorsque des livres obscènes, par-tout étalés, vendus ou loués à si vil prix, qu'on pourrait croire qu'on les donne, révèlent à l'enfant ce que la nature n'apprend pas même à l'homme fait, et que tout l'étalage de l'érudition et toute la perfection de l'art sont employés à nous transmettre l'histoire des vices de la Grèce (1), après nous avoir entretenus si souvent du roman de ses vertus, pour nous corrompre à-la-fois par les mœurs de ses prostituées, et par les lois de ses sages; lorsque la nudité de l'homme, caractère distinctif de l'extrême barbarie, s'offre par-tout à nos regards dans les lieux publics, et que la femme elle-même, vêtue sans être voilée, a trouvé l'art d'insulter à la pudeur, sans choquer les bienséances; lorsqu'il n'y a entre les hommes que des différences physiques, et non des

(1) La scandaleuse histoire *des courtisanes de la Grèce* parut en même temps que la première édition de cet ouvrage. Heureusement la sottise en diminue le danger.

P

distinctions sociales, et qu'à la place de ces dé-
nominations respectueuses qui fesaient disparaître les sexes sous la dignité des expressions,
nous ne sommes tous, le dirai-je? que des
mâles et des femelles; lorsque la religion a
perdu toutes ses terreurs, et que des époux
philosophes ne voient dans leurs infidélités ré-
ciproques qu'un secret à se taire mutuellement,
ou peut-être une confidence à se faire : tolérer
le divorce, c'est commander la prostitution et
légaliser l'adultère ; c'est conspirer avec les
passions de l'homme contre sa raison, et avec
l'homme lui-même contre la société. Après
cela, fondez des Rosières pour récompenser la
vertu des filles ; faites des idylles pour chanter
la félicité des époux ; accordez des primes à la
fécondité, et mettez des impôts sur le célibat,
et vous verrez, avec tous ces moyens philosophiques, les désordres de la volupté croître
avec le dégoût du mariage, et nos mœurs devenir, s'il est possible, aussi faibles que vos lois.
Le territoire de la France s'est accru; mais sa
dignité, le premier moyen de sa puissance,
fondée sur la décence de ses mœurs et la sévérité de ses lois, s'est éclipsée. Les étrangers
n'ont pu entamer ses frontières, et ses propres
enfans y ont ruiné la famille, la religion et
l'État, avec la licence du divorce, du philoso-

phisme et de la démagogie. L'homme moral a
disparu ; et tel que ces eaux qui se perdent dans
le sable, inutiles à la culture quand elles ne
sont retenues par aucune digue, son ame n'a
plus de ressort, parce que ses desirs n'ont plus
d'arrêt. Ces passions violentes, orages tumul-
tueux du cœur humain, ces combats terribles
de l'amour contre le devoir, du plus impétueux
des sentimens contre le plus puissant des obstacles, qui honorent la nature humaine, même
lorsqu'elle succombe, et dont la fiction excite
tant d'admiration, et nous arrache tant de larmes, ne seront plus que des chimères, qu'une
postérité dégénérée reléguera au rang des travaux d'Hercule ou de la guerre des dieux contre
les Titans. Législateurs, fermez ces théâtres,
qui firent si long-temps l'ornement de la France.
Phèdre, Zénobie, Pauline, Monime, seraient
des personnages inconcevables pour une nation
qui connaît le divorce. Andromaque (1), ré-
duite à ne pouvoir sauver les jours de son fils
qu'en manquant à la foi promise à son premier
époux, et jurant de mourir en formant de nouveaux nœuds, n'exciterait que la risée de

---

(1) « On ne croit point, dit Racine dans la préface d'An-
» dromaque, qu'elle doive aimer un autre mari qu'Hector,
» ni d'autres enfans que ceux qu'elle a eu de lui ».

femmes qui pourraient se remarier , du vivant
même de leurs maris. Ces grandes scènes de la
société, où l'homme paraît dans toute sa force,
parce que le devoir s'y montre dans toute sa
rigueur , et la vertu dans toute son austérité, ne
seraient plus dans nos vraisemblances théâ-
trales ; et puisqu'il faut des spectacles à ce
peuple enfant, on amusera son oisiveté avec
des bouffonneries (1) de valets , des *lazzi* d'ar-
lequin, des histoires de spectres et de voleurs.

» Sermens de rester toujours unis, sacrés
engagemens que l'amour et l'innocence croient
éternels, vous n'êtes point une illusion ! la nature vous inspire à tous les cœurs épris l'un de
l'autre ; mais, plus forte que la nature , et d'accord avec elle contre nos passions, une loi
sainte et sublime vous avoit ratifiés; et, arrê-
tant pour toujours le cœur de l'homme à ces
sentimens si purs, hélas ! et si fugitifs, elle
avoit donné à notre faiblesse le divin caractère
de son immutabilité. Et voilà le législateur du
divorce qui a espéré dans notre inconstance, et

_____

(1) Jamais on ne s'est tant moqué, sur le théâtre, des
idées bornées du peuple , de ses manières empruntées,
de ses locutions vicieuses, que depuis qu'il a été reconnu
souverain. Ces peintures gâtent les gens bien élevés, sans
corriger le bas peuple , dont il faut respecter la *simplesse*
domestique , et ne pas exagérer les droits politiques.

abusé du secret de nos penchans. Sa triste et cruelle prévoyance est venue avertir le cœur de ses dégoûts, et les passions de leur empire. Comme ces esclaves qui se mêlaient au triomphe des conquérans, pour les faire souvenir qu'ils étaient hommes, il vient, mais dans des vues bien différentes, crier à la vertu, aux jours de ses joies les plus saintes, qu'elle est faible et changeante, non pour la fortifier, mais pour la corrompre ; non pour lui promettre son appui, mais pour lui offrir ses criminelles complaisances. Au moment que les époux se jurent une éternelle fidélité, que la religion consacre leurs sermens, que des familles attendries y applaudissent, une loi fatale verse en secret son poison dans la coupe de l'union, et cache l'aspic sous les fleurs. Elle fait retentir aux oreilles des époux les mots de séparation et de divorce, et laisse dans le cœur, comme un trait mortel, le doute de sa propre constance, et la possibilité d'un essai plus heureux.

» Et cependant une mère avait conduit à l'autel une fille chérie ; enivrée des joies maternelles, elle étendait dans l'avenir les douces espérances de la tendresse, et voyait dans l'objet de ses affections une femme heureuse et une épouse honorée. L'infortunée ne prévoyait pas qu'un jour sa fille, renvoyée, sans honneur,

de la maison de son époux, et fuyant devant
une orgueilleuse rivale, viendrait arroser le
seuil paternel des larmes du désespoir, et reprocher à ses parens le choix d'un perfide;
ou que, peut-être, devenue elle-même coupable par la séduction de la loi, elle cherche-
rait dans la honte un abri contre le malheur,
et n'échapperait à l'opprobre que par l'impu-
dence.

» On parle de population que le divorce favorise, et l'on ignore que si l'union des sexes
peuple un pays inhabité, la seule société des
époux maintient et accroît la population chez
une nation formée, et que le divorce, là où le
législateur a l'imprudence d'en introduire ou
d'en conserver la faculté, tue plus de familles
qu'il ne fait naître d'enfans. Les peuplades sauvages, où tous les individus se marient, sont
faibles et misérables; et chez les peuples civilisés, où les besoins de la société condamnent
au célibat une grande partie de la nation, l'État
est populeux et florissant. On plaint les époux
que la simple séparation condamne à une austère viduité; mais est-ce aux législateurs à soi-
gner les plaisirs de l'individu aux dépens de la
société? Pense-t-on, avec la faculté du divorce,
remédier à tous les désordres de l'inconti-
nence? et ne sait-on pas qu'une chasteté

absolue est moins pénible à l'homme qu'une tempérance sévère ?

« Le divorce pour infidélité, dit madame
» Necker, est une flétrissure pour le coupable,
» et un malheur pour l'offensé ; mais il ne peut
» pas être plus permis au parjure de former de
» nouveaux liens, qu'à un homme mis hors de
» la loi de rentrer dans le pays où il a été con-
» damné : et quant à l'époux ou l'épouse outra-
» gés, le sort est tombé sur eux pour donner
» un grand exemple de délicatesse. Ils pleure-
» ront dans le désert comme la fille de Jephté ;
» mais ils vivront solitaires comme elle, par
» respect pour des vœux prononcés en présence
» du ciel. Beaucoup de gens se sont destinés au
» célibat, qui n'ont pas eu des motifs si purs et
» si respectables ».

» Vous reprochez à la loi de l'indissolubilité
sa perfection, et il n'est question que de notre
perfectibilité ; vous taxez cette loi d'impraticable, et elle est presque par-tout pratiquée,
au moins de fait : car là même où le divorce est
permis, il est toujours plus rare que le mariage
non dissous. Mais voyez aussi les sophistes, qui accusent de sévérité la loi qui punit de mort l'homicide. Etrange inconséquence ! les déistes trouvent l'homme trop vil, pour que l'Etre-Suprême
daigne s'abaisser jusqu'à lui ; J. J. Rousseau

P 4

trouve l'homme trop borné , pour qu'on
puisse, avant l'âge de quinze ans, lui apprendre qu'il a une ame; les législateurs modernes
trouvent l'homme trop imparfait, pour qu'ils
puissent lui donner des lois fortes : et cependant
ils font de l'homme , ils font du peuple le législateur infaillible , le souverain universel ; et de
tant d'imperfections dans les élémens, ils com-
posent la perfection même dans l'ensemble. La
loi de l'indissolubilité trop parfaite ! Eh quoi !
le législateur des chrétiens, au milieu de toutes
les voluptés païennes et de toutes les grossière-
tés judaïques, a dit aux hommes : *Soyez parfaits ;* et aussitôt ils ont rejeté de la société
toutes ces lois imparfaites ou corrompues de
leur enfance; l'esclavage, la polygamie, les
spectacles atroces et licencieux, la divination,
le sacrifice des victimes humaines, l'immola-
tion des animaux, etc. etc. Encore aujourd'hui,
des hommes, se disant envoyés par lui, plan-
tent une croix de bois dans le désert, et, ministres de cette autorité nouvelle, ils changent, en
un jour, les usages des temps anciens, commandent à l'homme nu de se vêtir, à l'homme er-
rant de se fixer, à l'homme chasseur de cultiver
la terre, au polygame de s'unir à son semblable
d'un lien indissoluble, à l'idolâtre d'adorer un
seul Dieu, créateur et conservateur, et ils sont

obéis; et la politesse commence avec le christianisme; et les douceurs de la vie, en même
temps que les devoirs de la société; et la *culture
des arts utiles*, en même temps que le *culte* de
Dieu; et telle est la force de cette doctrine sévère, d'autant plus naturelle à la raison de
l'homme, qu'elle est plus opposée à ses penchans, que des milliers de chrétiens, dont l'esprit était aussi juste que le cœur était droit,
ont souffert, pour rester fidèles à ces croyances,
selon vous incroyables, à ces pratiques que
vous taxez d'impraticables, des maux et des
tourmens que le philosophe n'endurerait pas
pour soutenir sa facile doctrine, et conserver
ses mœurs licencieuses. Et vous, législateurs,
après que l'homme sorti de la faiblesse et de
l'enfance, a atteint, à l'aide du christianisme,
la mesure de l'âge viril, et la *plénitude* de la
perfection sociale, *virum perfectum in mensuram ætatis plenitudinis Christi*, vous voulez le
faire redescendre aux puérilités du premier
âge, et remettre au lait de l'enfance des hommes
accoutumés à l'aliment substantiel de la religion
chrétienne. Vaine et fausse philosophie, s'écrie
saint Paul, qui veut ramener le monde aux
élémens de son enfance, et le faire déchoir
de la dignité du christianisme ! *Videte ne
quis vos decipiat per philosophiam, et inanem*

fallaciam, secundùm elementa mundi et non
secundùm Christum.

» Le monde verra donc ce qu'il n'avait pas
encore vu ; des législateurs proposer des lois
faibles à des peuples accoutumés à des lois
fortes, et qui les réclame comme sa propriété :
il verra des sages, moins sages que le vul-
gaire, le *forum* plus grave que le sénat, et le
théâtre plus austère que le Portique. Car le
peuple français, même dans les classes les plus
obscures, repousse avec horreur la faculté du
divorce, dont son bon sens, que n'ont point
altéré les doctrines philosophiques, lui fait
apercevoir l'injustice et le danger.

« Législateurs, vous dit-il, pourquoi les
» hommes seraient-ils aujourd'hui au-dessous
» de la perfection dans les lois, puisqu'ils la
» connaissent mieux que jamais, et qu'ils en
» ont fait si long-temps la règle de leur con-
» duite ? S'est-il opéré quelque changement
» dans la nature humaine ? Le Français est-il
» moins éclairé, après un siècle de lumières,
» ou moins fort, après les jours de ses con-
» quétes ? Vous voulez nous rendre meilleurs,
» et vous commencez par nous permettre d'être
» mauvais ; vous nous tracez des règles, et elles
» sont moins droites que nos penchans. Que
» voulez-vous que nous fassions d'un appui qui

» ne saurait nous soutenir ? Vous nous dites
» que vous avez consulté nos mœurs, et vous
» n'avez pris conseil que de nos passions ; vous
» avez fait des lois pour la volupté et pour l'in-
» constance ; *vous avez obscurci l'œil qui doit*
» *éclairer le reste du corps*, et faussé la règle
» pour rendre impossible le redressement ».

» Les rédacteurs du Projet *ont vu*, disent-ils,
l'action du temps et la marche des événemens,
et ils n'ont vu que l'action de l'homme et la
marche de ses passions. L'homme détériore,
mais le temps perfectionne, parce que le temps
découvre la vérité ; et au lieu d'*enchaîner* l'action
du temps, comme ils l'ont dit, il faut aider l'action du temps et enchaîner celle de l'homme. Ils
ont vu quelques hommes pratiquer le divorce,
et ils n'ont pas vu la société qui le repousse des
nations même où il est depuis long-temps en
usage, et qui, travaillées intérieurement de ce
principe de mort, ne trouveront la paix qu'en
revenant à l'ordre qu'elles ont abandonné. *Car,*
vous dit votre oracle, *si le législateur, se*
trompant dans son objet, établit un principe
différent de celui qui naît de la nature des
choses, l'État ne cessera d'être agité, jusqu'à
ce qu'il soit détruit ou changé, et que l'in-
vincible nature ait repris son empire ». (Contrat social.)

» Profitons de cette sage leçon ; osons penser comme des êtres raisonnables, et dire comme des hommes libres : que l'Etat n'a de pouvoir sur la famille, que pour en affermir les liens, et non pour les dissoudre ; et que si l'Etat détruit la famille, la famille à son tour se venge et mine sourdement l'Etat. Hélas ! nous ne disputons pas au gouvernement le pouvoir terrible, mais nécessaire, d'anéantir nos familles, en sacrifiant à sa défense ceux que la nature destinait à les perpétuer, et que nous avions élevés dans une autre espérance ; mais nous lui disputons le droit de les corrompre, en y détruisant l'autorité dans le mari, la subordination dans la femme, la dépendance dans l'enfant, et en ne nous laissant pas, contre la dépravation publique, l'asile des vertus domestiques ; et, puisqu'il faut le dire, on n'a que trop entretenu les peuples du devoir qu'ils ont de réclamer leurs droits, et on ne leur a jamais parlé peut-être du devoir qu'ils ont de défendre leurs vertus.

» Législateurs, vous avez vu le divorce produire la démagogie, et la *déconstitution* de la famille précéder celle de l'Etat. Que cette expérience ne soit perdue ni pour votre instruction, ni pour notre bonheur. La famille demande des mœurs, et l'Etat demande des lois. Renforcez

le pouvoir domestique, élément naturel du
pouvoir public, et consacrez l'entière dépendance des enfans, gage de la constante obéissance des peuples. Gardez-vous de créer des
pouvoirs, là où la nature n'a mis que des
devoirs, en décrétant l'égalité civile de personnes distinguées entre elles par des inéga-
lités domestiques. Condamnés à rebâtir l'édifice, puisque vous avez hérité de ceux qui l'ont
détruit, et maîtres d'en coordonner toutes les
parties à un plan régulier, n'y laissez rien de
vicieux, si vous ne pouvez pas en bannir toute
imperfection. Un gouvernement sage dispose
tout pour le bien, même lorsqu'il ne peut
pas tout faire pour le mieux ; et ce n'est pas un
vide à combler que le divorce, comme dit le
Projet, c'est un chancre à extirper.

« Depuis dix ans passés, les hommes, en
France, fabriquent des lois faibles ou passagères comme eux : déclarez enfin ces lois éter-
nelles, que les hommes *ne font pas* (1), et qui
font les hommes. Ce n'est pas sur les lois fondamentales, principes de toutes les lois subséquentes et réglementaires, *qu'il est absurde*

_____

(1) Discours préliminaire du Projet de Code civil, d'où
est également tiré ce qui est souligné dans les lignes suivantes.

de se livrer à des idées absolues de perfec-
tion, parce que la bonté de ces lois est absolue, et qu'elles sont immédiatement ÉMANÉES
de la suprême raison, de la raison universelle,
essentiellement parfaite. Commandez - nous
d'être bons, et nous le serons. Faites oublier
à l'Europe nos désordres à force de sagesse,
comme vous avez effacé notre honte à force
de succès. Vous avez fait de la France la grande
nation par ses exploits, faites-en la bonne nation par ses mœurs et par ses lois. C'est assez
de gloire, c'est trop de plaisirs ; il est temps
de nous donner des vertus. Songez que l'âge
auquel la société est parvenue, ne permet plus
les lois faibles et les molles complaisances qui
ne conviennent qu'à son enfance : malheur et
honte au gouvernement qui voudrait faire rétrograder l'homme social vers l'imperfection du
premier âge ; il éleverait l'édifice de la société
sur le sable mouvant des passions humaines,
et il semerait le désordre, pour laisser aux
générations suivantes des révolutions à recueillir ».

PIÈCES JUSTIFICATIVES.

~~~~~~~~

ACCORD de la Révélation et de la Raison, contre le Divorce ; par M. l'abbé DE CHAPT DE RASTIGNAC (1). *A Paris, chez Clousier, imprimeur, rue de Sorbonne.*

ÉGLISE DE POLOGNE.

VERS 1549, Sigismond Auguste II, roi de Pologne, venait d'épouser Barbe Ratziwil ; les conditions des deux époux étaient absolument disproportionnées. Dans la diète tenue à Pétricouk, la même année, les Polonais le pressèrent de rompre ce mariage, parce que le roi l'avait fait sans consulter le sénat, et qu'une des lois de Pologne était que le roi ne peut faire alliance avec personne sans le consulter. Les Polonais étendaient dans cette occasion, au mariage, ce qui ne regarde que les traités avec les princes étrangers. Le prince leur résista, leur opposa l'indissolubilité du mariage,

(1) Deuxième section, église de Pologne, p. 247.

quoique l'archevêque de Gnesne lui protestât, en son nom, et au nom de toute la diète, que tous se chargeraient du péché, au cas qu'il y en eût. Le roi ne se rendit point : Auguste II aurait-il pu opposer aux Polonais l'indissolubilité du mariage, si le divorce eût été permis en Pologne (1)?

Le pape Pie V exhorta ce prince à ne point rompre son mariage. Il lui écrivit : « Vous » devez faire attention que ceux qui, sous pré- » texte d'assurer la succession à espérer, tâ- » chent de vous persuader une chose de cette » nature, sont ou hérétiques, ou fauteurs d'hé- » rétiques, et qu'ils n'ont rien plus à cœur que » de vous engager à passer, du moins une fois, » les bornes de la vérité catholique, persuadés » que s'ils pouvaient l'obtenir de vous par un » crime, ou plutôt l'extorquer, le reste leur » sera plus facile (2) ».

Si l'église catholique de Pologne eût permis le divorce, le pape aurait-il traité d'hérétiques ou de fauteurs d'hérétiques ceux qui conseillaient à Auguste II de rompre son mariage ?

Le cardinal Hosius, évêque de Warmie, un

(1) Art de vérif. les Dates, t. II, p. 73.
(2) Pie V, liv. 5, épît. 1.

des

des présidens du concile de Trente sous Pie IV, et un des plus grands hommes de son temps, dont l'empereur Ferdinand disait que la bouche était un temple, et la langue un oracle du Saint-Esprit, enseigne clairement l'indissolubilité du mariage.

« Que le mariage, dit-il, ne soit pas séparé, » et que l'époux renvoyé ne s'unisse point à » un autre pour avoir des enfans ; car telle est » la parole du Seigneur : *Moi je vous dis que* » *toute personne qui renverra sa femme, ex-* » *cepté le cas de la fornication, la fait tomber* » *dans l'adultère, et que celui qui épouse la* » *femme renvoyée est adultère, et encore, que* » *l'homme ne sépare point ce que Dieu a uni.* » Et saint Paul, suivant son maître, dit à ceux » qui sont mariés : J'ordonne, non pas moi, » mais le Seigneur, que la femme ne quitte » point son mari; que si elle le quitte, elle » demeure sans se marier, ou qu'elle se ré- » concilie avec lui. Ces paroles de Jésus-Christ » et de l'apôtre n'ont pas été entendues dans un » autre sens par saint Ambroise, saint Jérôme, » saint Augustin, et avant eux, par Origène, » ni par saint Chrysostôme, et par Théophy- » lacte, qui marche sur ses traces, et les au- » tres saints docteurs.... La cause de l'homme » n'est pas différente, et elle ne doit pas être

Q

» de meilleure condition que la femme (1)».

Des abus crians, relativement au mariage, s'é-
taient introduits en Pologne. Benoît XIV, pour
y remédier, donna, en 1741, des avis aux évêques de Pologne. Au mois de novembre de la
même année, il fit un règlement sur la manière
de juger les causes de mariage. Il ordonna qu'on
pourrait appeler de la sentence qui en aurait
prononcé la nullité. Les Polonais avaient fait
des pactes de n'en point appeler. Le pape
donna, le premier avril 1743, une nouvelle bulle
qui, « en pourvoyant à la stabilité des maria-
» ges, condamne ou annulle les pactes faits
» entre les époux, de ne point appeler de la
» sentence portée pour la *nullité* du mariage. »

Après avoir exposé l'abus, Benoît XIV en
indique les causes : « Nous sommes persuadés,
» dit-il, que le désordre et la confusion, dont
» nous avons parlé ci-dessus, et qui règnent
» dans le royaume de Pologne, viennent, pour
» la plus grande partie, de la manière dont les
» mariages y sont contractés et célébrés : très-
» souvent le propre curé n'y assiste point; on
» donne quelquefois, à son insu, la commis-
» sion à tout prêtre quelconque d'y assister;
» très-souvent encore on dispense de la publi-

(1) Stanisl. Hosii opera, edit. in-fol. Colon. 1584.

» cation des bans, de manière que, quoiqu'il
» n'y ait aucune cause légitime et pressante,
» on ne publie pas même un seul ban. Par là,
» on ferme toute voie par laquelle on pourrait
» parvenir à connaître si le mariage a été célé-
» bré avec la liberté nécessaire de l'un et l'autre
» contractant, et de leur consentement ; s'il n'y
» a point entre l'un et l'autre quelque empê-
» chement, à raison duquel le même mariage,
» déjà contracté, doive être dissous par la suite
» et recommencé. De là, il y a lieu à de très-
» fréquentes contestations sur la nullité des
» mariages, même célébrés en face de l'église.
» Quelquefois on prétend que le mariage a été
» contracté, ou par violence, ou par crainte,
» sans le libre consentement de l'un des deux
» époux. Quelquefois on oppose un empêche-
» ment, qui, d'ailleurs, légitime et canoni-
» que, aurait pu être découvert avant que le
» mariage fût contracté, si on n'avait pas vou-
» lu, à dessein et expressément, qu'il fût ca-
» ché. D'autres fois, et cela arrive plus fré-
» quemment, la nullité du mariage se tire de
» ce qu'il a été célébré devant un autre prêtre
» par une commission, soit du curé, soit de
» l'évêque, qui n'a pas été donnée selon les
» formes requises et accoutumées : certes, il
» n'est personne qui ne sente que tout cela

» donnant une facile ouverture au crime, est
» cause que le bénéfice canonique de l'appel
» que nous avons accordé par nos dernières
» lettres, duquel pourrait jouir un des époux
» après la sentence qu'il a obtenue touchant la
» nullité du mariage, est empêché par ces frau-
» des et par ces subterfuges, et que les disso-
» lutions du mariage sont plus fréquentes en
» Pologne, au très-grand scandale des gens
» de bien (1). »

. Ces dissolutions de mariage ne sont donc
pas fondées, en Pologne, sur la faculté du
divorce, mais sur des raisons de nullité et sur
des empêchemens dirimans.

« L'usage de la Pologne, dit l'auteur du *Code*
» *matrimonial*, loin d'établir que le divorce
» y est autorisé, démontre le contraire. Lors-
» qu'on dissout un mariage contracté par vio-
» lence, c'est parce que l'on juge qu'il n'y a
» jamais eu de consentement, et que le con-
» sentement étant la base du mariage comme
» de tout contrat, on juge qu'il n'y a jamais
» eu de mariage. Dès qu'on ne trouve d'autres
» moyens pour permettre à deux conjoints dé-
» goûtés de leur société, d'en former une nou-
» velle, que de déclarer qu'il n'y a jamais eu

_____

(1) Bullaire de Benoît XIV, t. I, n. 16, 30, 85.

» d'engagement qui les ait liés, c'est une preuve
» sensible que s'il y avait eu un engagement,
» il ne pourrait qu'être indissoluble après cela;
» que les juges soient plus ou moins faciles à
» admettre les preuves de cette nullité d'en-
» gagement, la loi reste toujours la même; le
» juge peut prévariquer, mais sa prévarication,
» loin d'abolir la loi, montre la force de son
» empire, puisqu'il ne peut s'y soustraire que
» par un crime (1). »

Les éditeurs de *Dénisart*, en 1787, disent :
« Nous ne connaissons point d'église catholi-
» que où le divorce ait lieu, sans en excepter
» la Pologne. » Et après avoir adopté les observations de l'auteur du *Code matrimonial*,
ils ajoutent : « Il y a quelques années que le
» mariage de la princesse Saluskisambucko ayant
» été déclaré nul en Pologne, cette princesse
» passa en France. Le prince de Nassau la de-
» manda en mariage, et l'obtint : le mariage
» fut célébré à Strasbourg. » Ce mariage n'est
donc pas une preuve de divorce, puisqu'il n'eut
lieu que parce que le premier avait été déclaré nul (2).

---

(1) Code matrim. nouv. édit. 1770, t. I, p. 448.
(2) Collection des Décisions nouv. t. VI, mot Divorce,
page 568.

Q 3

Un écrivain distingué par son érudition profonde, célèbre par son *Histoire véritable des
temps fabuleux*, M. *l'abbé Guérin du Rocher*,
consulté sur les usages de la Pologne, où il a
été professeur de droit canonique, a répondu,
par écrit et de vive voix, « que le concile de
» Trente est reçu en Pologne; que cette église
» n'a point d'autre doctrine sur l'indissolubilité
» du mariage, que celle de la session 24 du
» concile de Trente; qu'elle fait profession
» d'être attachée à l'église et d'une parfaite
» soumission au saint siége; qu'il y a des abus
» dans la pratique; qu'on admet trop facile-
» ment les réclamations contre les mariages con-
» tractés depuis plusieurs années , comme
» n'ayant pas été libres, ou comme ayant été
» contractés avec des empêchemens dirimans. »
Outre les causes de ces abus, il assigne la
grande autorité des seigneurs polonais, qui,
passant souvent d'une de leurs terres à l'autre,
laissent incertain le lieu de leur domicile.

Une personne de grande considération, con-
sultée le 5 décembre 1789, pour savoir si le
divorce a lieu en Pologne, a répondu, par une
lettre datée de Varsovie, le 26 décembre 1789,
dont voici la traduction : « L'auteur d'un nou-
» vel opuscule sur le divorce, ne pouvait avan-
» cer rien de plus faux que de dire que les

» divorces sont permis en Pologne comme par
» une coutume tolérée de l'église. Les causes
» de nullité de mariage se traitent en Pologne
» comme ailleurs, selon la disposition du con-
» cile de Trente et la bulle de Benoît XIV,
» *Dei miseratione*. Depuis le temps que la re-
» ligion catholique est la dominante, le di-
» vorce, ou, pour mieux dire, le libelle de
» répudiation, n'y a jamais été permis entre
» ceux qui la professent. On ne peut nier que,
» soit par l'impéritie des juges, ou par une
» certaine négligence d'ordonner et d'exami-
» ner les preuves dans les contestations, ou par
» la possibilité de corrompre les juges et les
» témoins, il n'y ait eu, et qu'il n'y subsiste
» malheureusement encore une plus grande fa-
» cilité qu'ailleurs d'annuller les mariages. De
» là, il est arrivé que l'immortel Benoît XIV
» fut obligé de reprendre, dans deux lettres
» circulaires fortes et énergiques, les évêques de
» Pologne sur leur scandaleuse indulgence pour
» dissoudre les mariages..... Tant s'en faut
» que le divorce y soit permis, que l'abus (de
» les dissoudre) dérive d'une certaine facilité
» des évêques d'adopter les preuves de nullité
» de mariage..... La nonciature fait certai-
» nement son devoir, lorsqu'on porte devant
» elle quelque cause de divorce. »

Q 4

J'ai la réponse latine, du 15 janvier 1790,
à M. le général de Saint-Lazare, par le supérieur du séminaire de Varsovie, consulté à ma
prière. En voici l'extrait :

« En obéissant très-promptement à vos or-
» dres, je vous marque quel est le sentiment
» des Polonais touchant le divorce : jamais il
» n'y a eu aucune loi civile qui ait permis ou
» approuvé le divorce ; jamais je n'ai entendu
» parler d'aucun théologien qui se soit éloigné,
» dans son opinion, de la doctrine évangéli-
» que, que le concile de Trente, principale-
» ment, a développée et déclarée d'une manière
» plus expresse : tous les consistoires du royau-
» me, comme j'en suis bien informé, ne pensent
» pas autrement et ne suivent pas une autre règle
» dans la pratique. Dans nos séminaires, et dans
» les quatre autres, qui sont sous le régime des
» prêtres séculiers, on enseigne la théologie de
» Collet. Son sentiment sur ce point est très-con-
» nu...... Il est vrai qu'en Pologne les divorces
» avaient lieu trop souvent, principalement dans
» ces temps. De là, Benoît XIV envoya quatre
» brefs à nos évêques, pour les presser, de la ma-
» nière la plus forte, de s'opposer à cette corrup-
» tion. Un auteur anonyme anglais, et traduit en
» français, a osé louer la nation polonaise,
» comme si, en professant la foi catholique,

» elle n'avait pas voulu, comme il l'assure,
» se soumettre au joug pesant des pontifes ro-
» mains touchant l'indissolubilité du mariage.
» Néanmoins, dans tous les divorces, on ob-
» serve exactement la forme judiciaire. En con-
» séquence, dans le propre consistoire, une
» partie objecte à l'autre quelque empêche-
» ment dirimant, au moyen duquel elle tâche
» de prouver juridiquement la nullité du ma-
» riage. On appelle toujours de la sentence au
» jugement métropolitain et, s'il est néces-
» saire, au nonce, ou directement à Rome,
» pour obtenir deux sentences conformes, sans
» lesquelles on ne déclare jamais la nullité du
» mariage. On a coutume d'alléguer sur-tout
» deux empêchemens, savoir, le défaut de la
» présence du curé, et le défaut de consen-
» tement, empêché par la crainte révérencielle :
» ce qui fournit le prétexte au premier empê-
» chement, est que les nobles et les grands
» possédant des biens dans divers lieux, dans
» différens diocèses, objectent que les contrac-
» tans n'ont pas demeuré dans le lieu où le ma-
» riage a été contracté, le temps prescrit pour
» acquérir domicile, ou quasi domicile. Dans
» le second cas, quelquefois les parens ju-
» rent et produisent des témoins qui jurent
» qu'on a fait violence à la partie. Ces choses

» alléguées et prouvées, on prononce la sen-
» tence qui déclare que le contrat a été nul. Si
» ces allégations sont fondées sur la vérité, c'est
» ce qu'il est difficile de croire; cependant elles
» ont coutume d'avoir leur effet dans le for
» extérieur; de là, dans notre Pologne, tou-
» chant les principes, le sentiment est le même
» que partout ailleurs, mais la pratique n'est
» pas quelquefois la même, à cause des cor-
» ruptions qui se sont introduites. »

On s'est donc étrangement trompé dans l'En-
cyclopédie méthodique, Economie politique,
tome II, première partie, mot *Divorce*, page 121, en alléguant la Pologne comme « un
» exemple toujours subsistant d'un royaume où
» le divorce est compris dans le code des lois
» nationales, et s'exerce sans sortir de l'ordre. »
Nous sommes sûrs qu'on ne montrera point
dans ce Code, des lois qui autorisent le divorce proprement dit, et qu'il serait impossible
de désigner un seul cas où ces lois autorisent le
divorce.

C'est donc aussi par erreur qu'on a dit, dans
la dernière édition de l'*Art de vérifier les Dates*, chronologie des rois de Pologne, tome II,
page 67, article *Micislas*, an 964, que les
Polonais ont toujours cru le divorce permis.
Cette assertion, qui n'est point dans les deux

premières éditions, n'étant appuyée d'aucune
preuve dans la troisième, j'ai fait prier les
éditeurs d'examiner pourquoi cette assertion
y a été avancée. Voici la réponse de D. Clé-
ment : « Ce qu'on a dit, tome II, page 67, de
» l'Art de vérifier les Dates, d'*après des rap-*
» *ports incertains* touchant le divorce que les
» Polonais se sont toujours cru permis, a be-
» soin de témoignages, et d'être éclairci par
» des personnes bien instruites du fait. »

Les témoignages produits ci-dessus, ont fourni
ces éclaircissemens ; tout doute doit s'évanouir.

L'écrivain du divorce a dit (page 2 de l'in-
troduction, et page 55 de l'ouvrage), que la
Pologne admet le divorce. Il a dit, page 57 de
l'ouvrage : « La Pologne, royaume catholique,
» et dans lequel le pape a toujours un légat
» *(il aurait dû dire un nonce)*, pratique ou-
» vertement le divorce. » Je lui ai demandé,
dans une visite dont il m'a honoré, sur quelles
preuves il a avancé que le divorce est permis
en Pologne. Il m'a répondu, avec une candeur
à laquelle je me fais un plaisir de rendre justice, « qu'ayant pris des informations sur ce fait
» depuis l'impression de son ouvrage, il a re-
» connu que le divorce n'est point permis en
» Pologne, mais que les mariages y sont sou-
» vent dissous, sous prétexte de nullité. »

L'Art de vérifier les Dates, tome III.

AVERTISSEMENT.

Nous terminons par ce troisième volume un long et pénible travail, que son utilité rendrait presque inestimable, si l'exécution répondait à l'importance de l'objet. Mais plus nous avons avancé dans cette entreprise, plus nous y avons apperçu d'imperfections, comme le prouvent les additions et corrections que nous avons placées à la fin de chaque volume. Entre les fautes qui nous ont échappé, celle qui nous affecte le plus, c'est d'avoir avancé, tome II, page 73, d'après des auteurs modernes, que les Polonais ne se font point de scrupule de se permettre le divorce. Il est vrai que, pendant plusieurs siècles, la discipline ecclésiastique a été fort relâchée sur cet article en Pologne, etc. (*Voyez ci-dessus*, pag. 224 et suiv.)

Après avoir exposé l'abus, Benoît XIV en indique les causes. (*Voyez ci-dessus la bulle de Benoît XIV*, pag. 242.)

De là M. de Rastignac conclut très-judicieusement que les dissolutions de mariage ne sont pas fondées en Pologne sur la faculté du divorce, mais sur des raisons de nullité, et sur des empêchemens dirimans.

Code matrimonial, tome I, page 448.

L'auteur se propose cette objection : « Le
» divorce a lieu en Pologne ; la preuve en est
» qu'on y dissout tous les mariages formés par
» contrainte ; et comme apparemment on n'est
» pas difficile sur la preuve de cette contrainte,
» beaucoup de gens , avant de se marier,
» font des protestations qu'ils ne contractent
» que dans l'impossibilité de résister à la vio-
» lence. » Il répond : « L'usage de la Pologne,
» loin d'établir que le divorce y est autorisé,
» démontre le contraire , etc. » (*Voyez ci-des-*
sus , page 244.)

Consultation sur le Divorce, demandée, en Pologne, en 1791.

CONSULTATION.	RÉPONSE.
CE mémoire a pour objet de connaître les lois ou les usages qui s'observent sur le divorce, c'est-à-dire, sur l'acte par lequel on dissout un mariage légitimement contracté et consommé, avec faculté aux époux divorcés de former, chacun de leur côté, un nouveau mariage.	IL est certain que l'on voit très-fréquemment, en Pologne, deux époux se quitter, et former ensuite de nouveaux nœuds.
	Cet acte n'est cependant pas tout-à-fait un divorce, car il consiste, non à dissoudre un mariage légitime et valide, mais à déclarer un mariage nul et comme non avenu.
	Ce n'est cependant pas non plus tout-à-fait une nullité; car ce qui est nul ne peut produire d'effet, et les enfans d'un mariage nul sont illégitimes; au lieu qu'en Pologne, cette espèce de nullité n'empêche pas les enfans d'être légitimes.
Existe-t-il un recueil	Il n'y a point de lois ci-

CONSULTATION.	RÉPONSE.

ou un traité des lois sur le divorce ? Dans ce cas on voudrait l'avoir.

viles sur le divorce : dans toutes les affaires de ce genre, on suit exactement les règlemens de l'église et les bulles du pape.

Quelles sont les causes pour lesquelles le divorce s'accorde ?

Les raisons pour lesquelles on peut demander le divorce, sont absolument les mêmes que celles qui rendent nuls les mariages par le droit ecclésiastique, et qui sont connues sous le nom d'*empéche-mens dirimans*, compris dans cinq vers latins, dont voici la traduction :

L'erreur, la condition, la profession religieuse, les ordres sacrés, la différence de religion, un premier mariage subsistant, la parenté, le crime, l'honnêteté, l'impuissance, la violence.

La Pologne ne connaît point d'autres empêchemens particulièrement établis, ni par les synodes, ni par aucun acte du pouvoir législatif; mais tandis que,

CONSULTATION.   RÉPONSE.

dans le reste de la catholi-
cité, la jurisprudence sur
les cassations de mariages
a beaucoup resserré les
causes ci-dessus, elle leur
laisse en Pologne une
grande extension, sur-tout
à la dernière, qui est la
violence.

L'adultère est-il une
cause de divorce ?

En Pologne, l'adultère
ne dissout point le ma-
riage parmi les catholi-
ques.

L'incompatibilité des
caractères est-elle une
cause de divorce ?

Non : les époux ont alors
recours à quelque moyen
de nullité, et le plus souvent leurs parens se laissent accuser de les avoir
forcés de se marier.

La faculté de divor-
cer est-elle égale pour
le mari et pour la fem-
me ?

Comme le contrat de
mariage est commun au
mari et à la femme, de
même les moyens de de-
mander le divorce sont
communs à l'un et à l'au-
tre.

Comment se forme

La demande de divorce
une

CONSULTATION.　　RÉPONSE.

une demande en di-
vorce par le mari ?

se fait comme les autres
demandes judiciaires, en
exposant, dans la requête
ou le *libelle,* les raisons
que l'on a de regarder le
mariage comme illégitime
et de nulle valeur, et en
se présentant pour en
donner les preuves. On
observe la bulle de Be-
noît XIV, *Dei misera-
tione,* de 1741.

Quels sont les pre-
miers juges du divorce?

Les mêmes que le droit
canonique a établi dans
toutes les affaires soumises
à la jurisdiction ecclésiastique, c'est-à-dire, les évêques.

Quels sont les juges
d'appel et en dernier
ressort ?

On peut régulièrement
appeler de l'évêque au primat, du primat au nonce
du saint siège, et de ce-
lui-ci aux tribunaux de
Rome, ou au pape direc-
tement, qui nomme ordi-
nairement des juges délé-
gués *ad hoc* en seconde et
troisième instance. Cependant, entre le primat, le

R

nonce et les tribunaux de
Rome, la *prévention* a lieu,
ainsi que dans presque tous
les autres procès soumis
à jurisdiction ecclésiastique.

Quel nom, quel ti-
tre porte la femme di-
vorcée, et qui n'est pas
remariée ?

Le divorce polonais est,
comme on l'a dit, une
nullité qui diffère, cependant, en plusieurs points,
de la nullité réelle : ici,
par exemple, en considé-
ration de la bonne foi dans
laquelle les époux divor-
cés ont vécu ensemble pendant le mariage, l'usage a
établi que la femme, après
le divorce, porte le nom
du mari qu'elle quitte. Il
n'y a point de loi pour cela ; mais devant tous les
tribunaux et dans tous les
actes juridiques, elle est
reconnue sous ce nom.

Depuis la première édition de cet ouvrage, le divorce a été décrété ; et, sans doute, on devrait s'interdire de revenir sur cette discussion , si une loi contraire à la nature de la société était jamais définitive, et que , jusqu'à décision contraire, la cause n'était pas toujours pendante au tribunal de la raison.

Lorsque chez une nation éclairée, le législateur se résout à porter une loi mauvaise ou imparfaite , il faut soigneusement distinguer les motifs de l'administration, des raisons de la loi. Les motifs peuvent être puissans, mais les raisons sont toujours fausses ; et si la politique ne permet pas de dévoiler les motifs, la prudence devrait interdire d'exposer les raisons.

Heureusement le législateur ne prend pas à ses périls et risques les discours de l'orateur, et l'on peut relever les erreurs de l'un, sans manquer au respect que l'on doit à l'autre.

Il faut en convenir, depuis qu'on écrit pour ou contre l'indissolubilité du lien conjugal , on n'avait pas donné des raisons aussi faibles en faveur du divorce , que celles qui ont précédé le décret qui en autorise la faculté.

Ces raisons ont toutes été réfutées dans le cours de cet ouvrage ; celle sur-tout sur

R 2

laquelle on insiste avec le plus de complaisance,
« que l'autorisation du divorce est inutile,
» dangereuse, déplacée chez un peuple nais-
» sant, tandis qu'elle est utile et nécessaire
» chez un peuple avancé ».

Cette assertion est démentie à chaque page
de l'histoire, où l'on voit la polygamie ou le
divorce tolérés par les lois des peuples naissans, sans danger pour les mœurs, tant qu'une
population rare et dispersée, l'habitude des
travaux champêtres, la médiocrité des fortunes, l'absence des arts agréables, laissent dormir au fond des cœurs la passion de la volupté, et ne permettent l'usage du divorce
que comme une ressource contre la stérilité,
qui n'est un malheur que chez un peuple naissant; mais cette même faculté porte les fruits
les plus amers, et dégénère bientôt en une
corruption universelle, là où la multiplication
des hommes, le rapprochement des sexes, l'inégalité nécessaire des rangs et des richesses, le
goût des arts, l'oisiveté et la mollesse, éveillent toutes les passions, appellent tous les
plaisirs, font du mariage un essai et du divorce un jeu. On a sous les yeux un exemple
frappant de cette vérité, même chez les
nations avancées. Le divorce n'est guère
pratiqué que dans les classes aisées de la

société, qui sont aux classes inférieures précisément ce qu'un peuple avancé est à un peuple naissant.

L'assertion du rapporteur est fausse sous un autre aspect encore plus important : elle suppose un peuple chrétien un peuple corrompu, et un peuple n'est jamais corrompu que de la corruption de ses lois, et non des mauvaises mœurs de quelques individus. Lorsque le divorce, condamné par les lois religieuses du plus grand nombre, est repoussé par les mœurs de presque tous, et que les exemples en sont assez rares pour être remarqués, un peuple est bon, et le législateur lui-même rend hommage à sa bonté, et par la répugnance avec laquelle il lui propose la faculté de la dissolution, et par les difficultés dont il en entoure l'exercice. Ne dirait-on pas, à entendre ceux qui ont écrit ou parlé en faveur du divorce, que la France est un pays d'abomination, où le mariage est une chaîne que tous les époux brûlent de rompre ; et n'est-il pas singulier que l'on donne en France, pour autoriser le divorce, dont si peu de personnes encore réclament la faculté, la même raison que l'on donnerait en Turquie pour ne pas abolir la polygamie qui est de droit commun et pratiquée généralement ?

R 3

« Ah ! sans doute, s'écrie le rapporteur,
» si l'on pouvait, par quelque loi salutaire,
» épurer tout-à-coup l'espèce humaine, la fa-
» culté du divorce ne serait pas nécessaire ! »...
Pourquoi former des vœux lorsqu'on peut in-
timer des ordres ? ou plutôt, pourquoi courir
après des chimères de perfection lorsqu'on a
dans les mains les moyens d'ordre les plus
réels et les plus puissans ? L'espèce humaine
ne peut pas plus être changée que toutes les
autres, et l'homme ne serait pas ce qu'il est,
s'il n'était pas comme il est. La loi n'est pas
faite pour épurer l'espèce, mais pour réprimer
les penchans et pour les diriger au bien ; et
que peut desirer de plus un législateur pour
réprimer et diriger les penchans des hommes
et leur imposer des lois fortes et sévères, que
de trouver un peuple dès long-temps accou-
tumé à leur joug, et où les mœurs du plus
grand nombre sont en harmonie avec les lois ?
Chose étonnante ! on a pu tout-à-coup soumettre un peuple à la loi de la conscription
militaire, qui coûte tant de larmes aux familles, et l'on n'ose le laisser sous la loi de
l'indissolubilité que presque toutes les familles
réclament ; et il serait plus aisé d'ordonner à
toute une jeunesse de voler aux combats, que
de forcer quelques époux à rester unis !

Malheureusement on ne voit que les vices de
quelques-uns, et l'on ferme les yeux aux vertus
de tous : le vice qui sort de la règle est plus
aperçu que la vertu qui reste dans l'ordre ;
par la même raison que dans une marche,
l'on ne remarque que ceux qui quittent leurs
rangs. Osons le dire, après une longue et funeste expérience : il faudrait faire dans les
grandes villes des lois pour la police, et au
milieu des campagnes, des lois pour les mœurs;
et il est aussi inconséquent de prendre dans la
capitale des motifs pour les lois, que de chercher dans les provinces des modèles pour les
arts.

RÉSUMÉ

SUR LA QUESTION

DU DIVORCE.

« L'homme d'État imite la nature, qui paraît ne pas déranger
» le cours de ses opérations, pour prévenir les inconvéniens
» particuliers qui naissent de lois généralement avantageuses».
Philos. de TERRASSON.

LE divorce, demandé en 1789 par un seul
cahier, celui dont le duc d'Orléans était por-
teur, fut décrété en 1792, vers les jours funestes des 2 et 3 septembre. Ce fut un grand
procès que la nation perdit, comme tant d'autres, et sans être entendue, contre ceux qui
se disaient ses mandataires. Les événemens en
ont relevé appel devant des juges plus éclairés ; la question est soumise à révision dans
des circonstances plus heureuses, et la raison
peut comparaître pour la défendre. Déjà cette
belle cause a été plaidée à la section de législation du Conseil d'Etat, dans plus d'un avis
éloquent ; le tribunal d'appel de Montpellier (1) s'est honoré à la défendre ; et les

(1) On doit remarquer que les tribunaux d'appel de

dernières réflexions qu'on émet ici , ne peuvent
être regardées que comme ces *précis* de moyens
de défense que , dans les grandes affaires , les
parties publient à la veille du jugement.

Monsieur Malleville , président au tribunal de cassation , et l'un des rédacteurs du Code
civil , a rempli cet objet important dans son
écrit *du Divorce et de la Séparation de corps* (1);
et si l'on se permet d'ajouter quelques observations aux raisons sages, fortes et lumineuses
qu'il a données contre la faculté du divorce ,
elles tiennent à la manière générale dont l'auteur de ce *Résumé* a considéré les questions relatives à la société , dans un ouvrage trop récent (2) pour être connu de ceux qui sont appelés à prononcer sur la question du divorce.
On trouvera , dans cet ouvrage , le développement des raisonnemens et des faits qu'on ne
peut qu'indiquer ici.

Qu'on ne s'étonne pas de l'intérêt qu'un citoyen inconnu , mais ami sincère de sa patrie ,

---

Montpellier et de Nimes , placés au centre des départemens où il y a le plus de protestans , ont le mieux fait
sentir les dangers du divorce. Le tribunal d'appel de Riom
l'a aussi rejeté.

(1) Chez Goujon , fils , rue Taranne , n°. 757.

(2) *Du Divorce , considéré au* 19°. *siècle ;* chez Le
Clerc , quai des Augustins , n°. 59.

met à défendre l'indissolubilité du lien conjugal. Il voudrait épargner, s'il est possible, au
gouvernement, une grande erreur, et à son
pays, une grande calamité.

§. 1er.

Des Lois et de la Société.

La société est la réunion des êtres semblables pour la fin de leur reproduction et de leur
conservation.

Les lois sont les moyens dont la société se
sert pour parvenir à sa fin, en réprimant les
passions des hommes.

Les lois sont donc un bien opposé à un mal,
et une règle établie contre un déréglement.

La société est domestique, politique, religieuse; elle est famille, Etat, religion.

Les lois, moyen de la société, sont donc
domestiques, politiques, religieuses.

La société domestique réunit les hommes en
corps de famille; la société politique réunit
les familles en corps d'Etat; la société religieuse, lien universel, *à religare*, réunit, ou
devrait réunir en un corps, les hommes, les
familles et les Etats.

La loi du mariage est une loi domestique;
la loi de la succession au trône est une loi

politique ; la loi du culte public est une loi religieuse.

Toutes ces lois sont *naturelles*, mais d'une nature différente ; car la famille est naturelle à l'homme ; l'état politique est naturel aux familles ; la religion est naturelle aux hommes, aux familles et aux États.

§. I I.

Du Mariage.

Le mariage est une loi portée contre l'inconstance de l'homme, un moyen de réprimer l'intempérance de ses desirs.

La fin du mariage n'est pas les plaisirs de l'homme, puisqu'il les goûte hors du mariage.

La fin du mariage n'est pas seulement la reproduction de l'homme, puisque cette reproduction peut avoir lieu sans le mariage.

Mais la fin du mariage est la reproduction, et surtout la conservation de l'homme, puisque cette conservation ne peut, en général, avoir lieu hors du mariage, ni sans le mariage.

L'effet du mariage est donc la perpétuité du genre humain ; car le genre humain se compose, non des enfans produits, mais des hommes qui sont conservés.

Donc le mariage est une bonne loi ; car tout ce qui conserve les êtres, est bon ou bien.

La famille, composée du père, de la mère, des enfans, est une société *actuelle* formée de trois personnes, pouvoir, agent ou ministre, sujet, comme toute société.

Le mariage, qui précède la famille et qui la produit, formé de l'homme et de la femme, est une société *éventuelle*.

La nature n'a pas fixé le terme de cette *éventualité*, ou la survenance des enfans.

Ainsi, la non-survenance des enfans n'est pas une *raison* de rompre le mariage, puisqu'il peut en survenir (car, s'il y avait eu *impuissance*, il n'y aurait pas eu de mariage), encore moins d'en contracter un autre, dont la fécondité est tout aussi éventuelle. Une fois que les enfans sont survenus, la société d'*éventuelle* est devenue *actuelle* ; s'il y a des enfans produits, il y a des hommes à conserver ou à former, et il y a *raison* de ne pas rompre le mariage ; car il faut parler *raison* à des législateurs.

Si le mariage est une société éventuelle, si cette société est composée de trois personnes, le père, la mère et l'enfant, le mariage est donc réellement un contrat entre trois personnes, deux présentes, une (l'enfant) absente, mais représentée par le pouvoir public, garant des engagemens que prennent les époux de former une société ; car l'autorité publique représente toujours , dans la famille , la personne absente , l'enfant avant sa naissance , le père après sa mort (1). Le contrat formé entre trois personnes , ne peut être rompu par deux , au préjudice de la troisième , la plus faible de la société ; et cette troisième personne ne peut jamais consentir à une rupture toute à son préjudice , parce qu'elle est toujours mineure dans la famille , même alors qu'elle est majeure dans l'Etat.

Le mariage est une société naturelle , et non une association commerciale. Les mises ne sont pas égales , puisque l'homme y met la protection de la force , la femme , les besoins de la faiblesse : les résultats , en cas de séparation , ne sont pas égaux , puisque l'homme en sort avec toute son autorité , et que la femme n'en sort pas avec toute sa dignité , et que, de tout ce qu'elle y a porté , pureté virginale , jeunesse , beauté , fécondité , considération , fortune , elle ne peut, en cas de dissolution , reprendre que son argent.

Le mariage est donc naturellement indissoluble.

Les anciens l'ont ainsi pensé ; voyez Virgile :

_____

(1) Voyez les développemens de cette raison dans *le Divorce , considéré au 19e. siècle.*

Connubio jungam stabili, propriamque dicabo.

Voyez Tacite, dans les Mœurs des Germains :
« Plus heureuses et plus sages sont les cités où
» les vierges seules peuvent former les nœuds
» d'hyménée, et une fois seulement, ouvrir
» leur cœur aux desirs et aux espérances de
» l'épouse ; elles reçoivent un époux, comme
» on reçoit un corps et une ame, etc. »

Voyez Denys d'Halicarnasse : « Il donne les
» plus grands éloges à ces lois plus anciennes
» de Rome, dit M. Malleville, qui inter-
» disaient le divorce ; il régnait, dit-il, une
» harmonie admirable entre les époux, pro-
» duite par l'union inséparable des intérêts. »

L'indissolubilité naturelle du lien conjugal
a été reconnue, jusqu'en 1792, par tous les
modernes, même par ceux qui en ont permis
la dissolution. Les rédacteurs du Projet de Code
civil avouent en termes formels, cette indissolubilité naturelle : le rapporteur du tribunal de
cassation, lors même qu'il demande la dissolution du lien conjugal, va jusqu'à dire : « Le
» mariage est une société perpétuelle dans son
» vœu. » Et quels sont les vœux de perfection
que l'homme, à l'aide des lois, ne puisse pas
accomplir ?

§. III.

De la Séparation et du Divorce.

Si l'union des époux est un lien naturel, leur séparation peut devenir un malheur nécessaire.

La séparation (qu'on appelle *à mensâ et à thoro*) de corps et de biens, sans dissolution du lien, remédie à tous les désordres de la désunion des cœurs : la raison s'en contente, mais les passions vont plus loin, et elles demandent la dissolution du mariage et la faculté de pouvoir former de nouveaux nœuds : c'est ce qu'on appelle *le divorce*.

Le premier soin des législateurs est de prescrire, de faciliter l'exécution des lois ; et le premier soin des législateurs qui portent la loi du divorce, est d'en défendre, en quelque sorte, et s'ils pouvaient, d'en rendre impossible l'exécution.

Les partisans du divorce diront-ils que c'est un déréglement opposé à un déréglement plus grand ? Quel plus grand déréglement, dans la société, que la dissolution même de la société ?

Diront-ils que le divorce est un remède plutôt qu'une loi ? C'est le mariage qui est un remède contre l'inconstance de nos desirs ; et le divorce, qui rompt le mariage, détruit le
remède,

remède, rend l'homme à son inconstance, et est, par conséquent, un mal.

Mais avant de discuter les raisonnemens que l'on fait pour la faculté du divorce , et les faits que l'on allègue en sa faveur , il faut examiner les deux opinions entre lesquelles se partagent ses partisans.

§. IV.

Du Divorce libre et du Divorce légal.

Rien ne prouve mieux combien le principe du divorce est vicieux, que de voir ceux qui l'admettent cherchant un remède au remède lui-même, y apporter des restrictions que la raison ne saurait avouer, ou le faire dépendre de conditions impossibles.

Il y a, en effet, deux opinions sur le divorce ; les uns le veulent, ou plutôt le voudraient aussi libre , aussi facile que le mariage même, et n'exigent pour sa prononciation aucune cause légale et prouvée : les autres le bornent à certains cas spécifiés d'avance, et soumis, lors de l'événement, à une preuve légale.

Les deux avis ont été discutés au tribunal de cassation, et sans doute ils n'ont pu s'accorder, puisqu'ils ont été soutenus l'un et l'autre dans deux *rapports* opposés.

S

Le système du divorce libre est, il faut en
convenir, plus conséquent que celui du divorce
légal, et par cela seul il est tout bon ou tout
mauvais; car la conséquence dans le raisonnement est une preuve certaine qu'il y a toute
vérité ou toute erreur dans la pensée. C'est une
équation qui aboutit à un résultat également
juste, soit qu'il donne une quantité positive ou
une quantité négative. « Si le divorce est un
» mal, disent les défenseurs du premier sys-
» tême, il faut le rejeter; s'il est un remède,
» pourquoi le différer ou le mettre à si haut
» prix ? Mais ici le malade seul connaît son mal,
» et juge la nécessité du remède. Les délits
» qui troublent la paix domestique et rendent
» le divorce nécessaire, sont purement domes-
» tiques, et ne peuvent être connus, sentis et
» jugés que par les personnes domestiques;
» comme les crimes qui troublent l'ordre pu-
» blic ne peuvent être connus et jugés que par
» les personnes publiques. L'officier civil est
» obligé d'unir les époux, sur la notification
» qu'ils lui font de leur volonté de s'unir; pour-
» quoi demanderait-il, pour les disjoindre,
» autre chose que la connaissance qu'ils lui don-
» nent de leur volonté de se quitter ? » C'est
ce que le rapporteur du divorce libre prouve
le mieux. « Réduire à des faits précis, dit-il,

» les causes du divorce, c'est le plus souvent
» ne rien faire, c'est proposer un remède aux
» malheurs, à condition qu'il ne pourra guérir
» les malheurs les plus ordinaires, les plus
» cruels, les plus intolérables... Car où est dans
» l'action en divorce le fait qu'un mari, qu'une
» femme puissent poser? où est celui qu'ils puis-
» sent prouver? où est celui qu'on peut juger? »
(Voyez l'avis du tribunal de cassation.)

Ces raisons sont embarrassantes; les partisans du divorce légal ne peuvent y répondre
sans attaquer le principe lui-même ; et en effet,
l'intervention de l'autorité publique dans des
querelles domestiques est aussi déplacée, que
l'intervention du peuple aux jugemens publics
peut devenir dangereuse.

Mais quelque conséquente que soit cette
théorie, l'exécution en est impraticable ; et c'est
ce qui en démontre la fausseté. Aussi après avoir
établi à grands frais, dans un long discours,
la nécessité du divorce libre, le rapporteur
conclut par y proposer de nombreuses limitations ; et il est vraiment curieux de voir les
efforts qu'il fait pour enfanter un mode qui
puisse concilier la chimère d'une liberté idéale
avec la possibilité d'une exécution pratique.

« Il ne permet le divorce qu'après cinq ans
» de mariage et avant vingt années.

» Il exige que le mari ait au moins trente ans,
» et au plus cinquante ; et que la femme ait
» au moins vingt-cinq ans, et au plus quarante-
» cinq.

» Il veut que le demandeur ne puisse con-
» tracter un nouveau mariage que deux ans
» après la prononciation du divorce.

» Enfin », (et c'est la défense dont il est le
plus difficile de pénétrer la raison) « il ne veut
» pas qu'on puisse divorcer deux fois *de la*
» *même manière* dans le cours de sa vie » ;
comme si les lois pouvaient empêcher d'être
malheureux plus d'une fois l'homme à qui elles
permettent d'épouser plus d'une femme !

On voit la raison qui fixe la majorité de
vingt-un à vingt-cinq ans, parce qu'il est naturel que l'esprit ait acquis toute sa force, lorsque les organes destinés à le servir ont pris
tout leur accroissement ; on voit encore la
raison de la loi qui met pour terme au refus
que font les pères de consentir au mariage de
leurs enfans, l'âge de vingt-cinq ans pour les
filles, et de trente pour les garçons, parce
que cet âge est déjà celui de la sagesse, et
que, plus avancé, il ne serait plus celui du
mariage. Après tout, les enfans ne souffrent
que de ne pas obéir, et la loi a dû reculer
l'époque de la désobéissance jusqu'au terme

même de la jeunesse. Mais où est la raison qui fait que le divorce, nécessaire et permis à une certaine époque du mariage et à un certain âge de la vie, n'est plus permis, un mois plutôt ou un mois plus tard, quoiqu'il soit aussi nécessaire ? Pourquoi interdire le remède quand on ne peut empêcher le désordre ? Pourquoi tant de liberté dans un temps, et si peu de liberté dans un autre ? Pourquoi, le divorce jugé, soumettre la partie qui veut former de nouveaux nœuds à un noviciat de deux ans, après que la loi lui a permis de rompre un mariage de vingt années ? Mais ce n'est pas tout, le rapporteur du divorce libre *veut qu'on le vende aux époux au prix de ce qu'ils ont de plus précieux.* Est-ce la justice qui vendra le divorce ? Est-ce la partie coupable qui en paiera le prix ? Et lorsqu'elles le seront toutes les deux. Sera-ce en faveur des enfans ? Et quand il n'y en aura pas. Sera-ce le demandeur qui supportera le prix de la vente ? Mais si c'est une femme vertueuse qui a déjà supporté les mauvais traitemens d'un époux. Le divorce sera-t-il pour elle comme l'épreuve par le feu, où l'accusé était obligé de se brûler les mains pour se justifier du crime de vol ? Lorsqu'on voit le rapporteur chercher, avec ses petites lois, à réparer les grands désordres de

S 3

son systême, on se représente des ouvriers
qui multiplient les étais autour d'un édifice qui
tombe en ruines, où un charpentier occupé
à fermer les voies d'eau qui s'ouvrent de tous
côtés dans un vaisseau prêt à couler bas. Aussi
les rédacteurs du Code civil se sont rangés
à l'avis du divorce légal, ainsi que le second
rapporteur du tribunal de cassation. Ils ont
même spécifié cinq causes de divorce. Le conseil d'Etat, s'il en admet la faculté, *quod dii
avertant*, se décidera pour le divorce légal,
motivé sur des causes précises, dont les deux
dernières, l'assassinat et l'adultère, méritent
seules l'honneur d'une discussion.

§. V.

De l'accusation d'Assassinat.

Ici se présentent des difficultés inextricables.
N'y a-t-il qu'intention d'assassinat ? il n'y a
pas lieu même à accusation. Y a-t-il acte, et
tentative d'assassinat ? il y a lieu à peine capitale. Car, sans doute, on ne veut pas interdire
au ministère public le devoir de poursuivre
la partie coupable d'un aussi grand forfait, ni
donner aux époux un privilége d'homicide.
Abolira-t-on la peine de mort, précisément
pour le conjugicide ? il faut l'abolir pour tous

les crimes. Commuera-t-on la peine ? où en serait le motif ? Toute la peine ou aucune peine ; et la raison, dans ce cas, ne connaît pas de milieu entre l'échafaud et les secondes noces. Mais qu'arrivera-t-il, si l'on permet à la partie publique la poursuite de l'époux assassin ? C'est qu'en France, où un sentiment délicat de générosité et même d'humanité, ne permettait pas à un maître de se porter pour dénonciateur d'un domestique infidèle, un sentiment encore mieux fondé ne permettra jamais à un époux de livrer au bourreau l'amie de sa jeunesse, et la mère de ses enfans. Il ne pourra s'en séparer sans divorcer, ni divorcer d'avec elle sans compromettre sa vie ; il préférera de la laisser auprès de lui, s'il ne peut s'éloigner d'elle : il redoutera pour sa famille le triste honneur de figurer dans *les Causes célèbres*, et il ne voudra pas marquer ses enfans du sceau de l'ignominie :

« Le crime d'une mère est un pesant fardeau ».

Et, j'ose le dire, l'esprit français, ce principe actif de mœurs si décentes, de procédés si généreux, d'actions si glorieuses, serait totalement anéanti, si l'on pouvait nous accoutumer à voir des époux s'arracher l'un l'autre du lit nuptial pour se traîner à l'échafaud. Et

S 4

puis, comment prouver un assassinat domestique, cette trahison précédée du baiser, ce
poison offert dans la coupe de l'union, ce lacet
fatal, serré dans les ténèbres, par des mains
fraternelles; ce meurtre enfin, à qui, dans ce
malheureux temps, il serait si facile de donner
les couleurs du suicide ? Les lois romaines ne
supposaient pas le parricide; les nôtres iraient
au-devant d'un crime plus grand encore; car,
quelles affections humaines peuvent égaler
l'*amitié de la nature*, pour me servir de l'expression de M. Bernardin de Saint-Pierre, et
l'ineffable union de l'époux et de l'épouse ?

§. VI.

De l'Adultère.

Le Projet de Code civil distingue l'adultère
du mari de l'adultère de la femme, et la raison
avoue cette distinction. La pluralité des femmes peut concourir au but de la nature ; la
pluralité des hommes s'en éloigne. L'adultère
de la femme détruit la famille, l'adultère du
mari afflige seulement le cœur de l'épouse.

L'adultère du mari ne donne lieu au divorce
qu'autant que le mari loge la concubine sous
le même toit que l'épouse ; et dans cette disposition, le Projet de loi considère moins

l'adultère en lui-même, que l'outrage fait à la femme. Mais quel vaste champ n'ouvre pas à la licence et aux mauvaises mœurs une pareille disposition ? Un époux livré à des amours étrangers, n'aura donc qu'à en placer l'objet près de lui et dans sa maison, pour se ménager à-la-fois l'avantage de se débarrasser de sa femme et d'épouser sa concubine ? Cette loi, oppressive au plus haut degré, punit la femme de ses propres malheurs, et couronne d'un plein succès les désordres de son époux. Et quelle est l'audacieuse rivale qui n'obtienne d'un amant fasciné de l'introduire dans sa maison, certaine, à ce prix, d'y remplacer légalement la légitime épouse ?

Et combien, sous un autre rapport, est attentatoire à l'autorité maritale, et par conséquent à la paix domestique et aux bonnes mœurs, ce moyen ouvert à une femme violente et jalouse, d'interpréter les affections de son époux envers toutes les femmes que la même maison peut réunir, de tourmenter son cœur par des soupçons éternels et des menaces continuelles d'accusation, de le traîner peut-être devant les tribunaux pour y discuter ses actions, y divulguer ses désordres, ou y diffamer ses vertus ?

L'adultère de la femme doit être prouvé par

un scandale public ou par des écrits émanés
d'elle. Mais d'abord, il ne peut y avoir de
scandale public lorsque l'usage permet à une
femme d'aller de jour ou de nuit, seule ou
en compagnie, à déjeûner comme au bal, avec
tout homme, pourvu qu'il ne soit pas le sien.
Quant à la preuve par écrit, seul témoignage
extérieur que la loi admette, il est souverainement dangereux de faire dépendre la preuve
d'un crime capital de certaines conditions ex-
trinsèques, qui excluent toutes les autres.

Si la loi n'admettait la preuve d'assassinat
qu'autant que les témoins l'auraient vu commettre à la clarté du soleil; il suffirait, pour
échapper à la loi, de ne pas le commettre avant
ou après une certaine heure. Il y a des lois
en Angleterre si précises sur certaines circonstances du crime, qu'on peut encourir une
peine afflictive pour avoir battu un homme,
et n'être pas légalement coupable pour l'avoir
tué. Ici les amans adultères correspondront
sans s'écrire, comme ils s'entendent sans se
parler. Alors tout ce qu'un père peut faire de
mieux pour le bonheur de sa fille, est de ne
pas lui donner de notion de cet art funeste;
car, graces à la chimie moderne et à ses dé-
couvertes dans l'art d'enlever les écritures,
une lettre qu'une femme aura écrite, même

à son époux, dans l'intimité conjugale, peut, à l'aide de circonstances qu'il est facile de faire naître, et d'une suscription qu'il est aisé de changer, devenir, dans des mains perfides, l'instrument de sa perte, le texte et la preuve d'une accusation d'adultère.

Et qu'on ne dise pas que je suppose les hommes plus méchans qu'ils ne sont ; car je n'aurais qu'à renvoyer au premier rapport du tribunal de cassation. A entendre le rapporteur, la France est le *Ténare*, et elle n'est habitée que par des démons. Le nombre des époux malheureux et des mariages qui offrent le spectacle de *victimes attachées à leurs bourreaux*, est *incalculable ;* car il est extrêmement remarquable que les mêmes doctrines qui nient la corruption native ou originelle de l'homme, exagèrent toujours sa corruption sociale. Pour moi, je suis loin de penser que les mœurs en France soient aussi dépravées qu'il plaît au rapporteur de le supposer. Il est des esprits malades qui, pour juger sainement des choses, auraient besoin de changer d'air ; ils ne voient que Paris, et ils devraient considérer les départemens éloignés, où un divorce serait encore aujourd'hui un phénomène. Mais il est certain que le désordre gagne de proche en proche, que les mœurs en France

tomberont, par la faculté du divorce, dans
une extrême corruption, et que le rapporteur,
en croyant raconter ce qui est, n'a fait qu'annoncer ce qui sera.

Enfin, lorsque deux époux, s'accusant réciproquement d'assassinat et d'adultère, auront
succombé à la preuve, les juges les renverront
en paix chez eux ; et l'intervention de l'autorité publique, qui n'aura pas garanti la vie
de la femme, ni rétabli l'honneur du mari,
n'aura abouti qu'à entretenir le public de scandales et d'infamies, à diviser les familles, à
rendre une épouse infame, ou un époux ridicule.

Toutes ces limitations à la faculté du divorce,
tous les obstacles qu'on y oppose, peuvent rendre le divorce difficile ; mais l'indissolubilité
seule rend le mariage honorable. Et qu'importe que les divorces soient rares, si les époux
ne peuvent jamais être indissolublement unis ?
Ce ne sont pas des difficultés qu'il faut présenter aux désirs de l'homme, car elles ne font
que les enflammer ; c'est l'impossibilité de se
satisfaire. L'homme, dans ses passions, ne s'arrête que devant la barrière qui arrête le Tout-
Puissant lui-même, devant l'impossible.

Tout ce qui n'est que fâcheux dans le mariage indissoluble, devient insupportable dans le mariage qui peut être dissous. Des époux alors sont comme des malheureux captifs, qui ont entr'ouvert la porte de leur prison, et qui sont occupés sans relâche à l'élargir, pour s'y pratiquer une issue. Dans le mariage indissoluble, la femme est *de* l'homme; dans le mariage dissoluble, la femme est *à* l'homme (1): et l'homme, fort quand elle est faible, jeune quand elle ne l'est plus, a, pour la renvoyer, autant de moyens que de desirs. Ce sont là des lois pour des esclaves, et non des lois pour les enfans; des lois de crainte, et non des lois d'amour; et il vaut mieux tolérer l'adultère et même l'homicide, que de détruire la société pour les punir.

§. V I I.

Motifs allégués en faveur du Divorce.

Il faut répondre aux objections.

Peut-on condamner les époux divorcés à la solitude du célibat ? — Mais doit-on récompen-

(1) Dans la religion chrétienne, la femme est *de* l'homme, *l'os de ses os, la chair de sa chair, et ils sont deux dans une chair ;* chez les Païens, la femme était *à* l'homme, et il pouvait en prescrire la possession, comme celle d'un meuble, par un an de jouissance.

ser le crime ou la faiblesse par la **permission**
d'un second mariage ? Ils vivront dans le concubinage. — La loi du divorce n'y remédie
que par l'adultère , car le prononcé du muni-
cipal légalise le nœud et ne le légitime pas.
On diminue les abus du divorce en le réduisant
à des causes précises. — On ne fait qu'indiquer
aux passions des moyens infaillibles de se satisfaire , et les causes *précises* sont des jalons
sur une route. Les mariages favorisent la population. — Elle ne s'accroît que par les familles ;
et il n'y a plus de famille aujourd'hui , si elle
peut finir demain. Comment laisser ensemble
des époux qui se haïssent ? — Pourquoi séparer
des frères qui s'aiment , et qui , élevés par des
mains ennemies, se haïront un jour ? La loi
n'ordonne pas le divorce. — A l'âge où nous
sommes , permettre le divorce , c'est ordonner
la prostitution. Non seulement la loi ne doit
pas permettre le divorce, mais elle doit procla-
mer l'indissolubilité. Le divorce est l'oppression de la femme , même alors qu'elle le provoque ; car une femme, même malheureuse,
est toujours, aux yeux de la raison , moins à
plaindre qu'une femme divorcée.

Le divorce, dit-on, n'a pas d'inconvéniens
chez les peuples simples ? — C'est parce qu'on
ne l'y pratique pas. La rareté du divorce est

l'effet de la simplicité des mœurs, comme la rareté des maladies est un signe de bonne santé. Elle n'en est pas la cause; et croire ramener un peuple avancé à des mœurs simples, avec des complaisances qui ne conviennent qu'à un peuple naissant, c'est vouloir ramener un homme fait à l'état d'enfance, en le mettant dans un berceau.

Les mœurs sont corrompues. — Epurez les mœurs et ne faussez pas les lois.

Les mœurs résistent à la loi de l'indissolubilité. — Jamais la raison n'en a mieux reconnu la nécessité. Ces Romains et ces Grecs, dont on nous vante, à tous propos, les vertus et les mœurs, applaudissaient à des pièces de théâtre où le viol de l'esclave, le trafic des femmes et la prostitution, sont les moyens ordinaires de l'action dramatique ; et les Français, dont on déplore sans cesse la corruption, repoussent au théâtre l'apparence même du divorce. Ils s'offensent d'un mot indécent, et sont révoltés de la licence du théâtre anglais. La simplicité de nos pères honorait le bâtard presqu'à légal du fils légitime, et nous, dans notre dégénération, nous notons d'infamie ces fruits d'une union que la loi n'avoue pas. On ne voit que la corruption des mœurs, tolérée, accrue par des administrations occupées des

choses plus que des hommes , et l'on ferme
les yeux sur les progrès de la raison , éclairée par la religion chrétienne , de cette
raison publique qui nous ramène de si loin
aux principes de l'ordre , et qui nous y
ramène sans effort et sans violence , parce
que l'ordre est ce qu'il y a de plus conforme
à notre raison , et la loi naturelle de l'univers.
Qu'on laisse dire les hommes faibles : jamais ,
pour promulguer des lois *sévères* , le gouvernement ne trouva plus d'appui dans la force
de notre raison , ni plus de motifs dans la faiblesse de nos mœurs.

Enfin , et c'est ici l'objection la plus spé-
cieuse , l'indissolubilité du lien conjugal est une
loi religieuse , et la loi civile en France ne reconnaît aucune religion. La loi du mariage indissoluble est une loi domestique , comme la
loi de l'abstinence est une loi religieuse. Si on
la regarde comme religieuse , parce qu'elle est
consacrée par la religion , pourquoi ne regarde-
t-on pas comme religieuse , pourquoi recon-
naît-on comme civile la défense du vol et de
l'homicide , que la religion consacre , et même
plus expressément et plus clairement , si l'on
veut , que la défense du divorce ? C'est que la
religion chrétienne a fait des dogmes de tout
ce dont la nature avait fait des principes , et
que

que le mariage est, de l'aveu de tous les partis, naturellement indissoluble. L'Angleterre
elle-même, qu'elle regarde ou non le mariage
comme une loi religieuse, donne au parlement
seul le pouvoir de le dissoudre. Mais une secte,
en France, demande le divorce. — On se
trompe ; ce n'est qu'un parti ; et depuis long-
temps les protestans eux-mêmes en connaissent
l'abus : témoins madame Necker, D. Hume,
le parlement d'Angleterre ; témoins leurs mœurs
en France, qui, d'accord avec les lois, repous-
saient le divorce.

D'ailleurs, osons remonter au principe ; les
gouvernemens sont institués pour rendre les
hommes meilleurs et la famille plus forte.

La loi de l'indissolubilité du lien conjugal
est une loi parfaite ; ses adversaires même en
conviennent, puisqu'ils ne lui reprochent que
sa perfection ; elle n'est pas impraticable, puisqu'elle est par-tout pratiquée. Le gouvernement
ne lèse donc pas ; que dis-je ? il favorise ceux
qu'il élève à un état plus parfait, et il n'opprime
que ceux qu'il fait descendre à un état plus imparfait. Et qu'on n'oppose pas des croyances
religieuses, car le divorce est une action et non
une croyance...; et, même dans les questions
dogmatiques, la religion réformée s'est soumise
au gouvernement civil : et c'est ce qui fait son

T

erreur, et la faiblesse réelle des États qui y cherchent un appui.

§. VIII.

Faits allégués en faveur du Divorce.

Il faut, avant d'entrer dans la discussion des faits allégués en faveur du divorce, s'arrêter sur une allégation d'un des rapporteurs du tribunal de cassation, M. Target; allégation contredite par la raison et par l'histoire, mais qui a fait quelque fortune auprès des personnes qui ne consultent ni l'une ni l'autre.

« Plusieurs, dit ce rapporteur, ont dû se dire
» que le divorce n'était pas bon à la société ci-
» vile, et que l'épreuve en était faite. Je crois
» que c'est là une erreur. Non, le divorce des
» premiers momens n'est pas le divorce *habituel*
» dans un état paisible : non, le divorce appliqué
» à des mariages formés sous la *règle de fer* de
» l'indissolubilité, n'est pas le divorce appliqué
» à ceux qu'on a contractés sous l'empire d'une
» loi plus *douce et plus convenable à la nature*
» *humaine. ....* » Et plus haut : « Il faut obser-
» ver que le plus grand abus, non seulement
» des mauvaises, mais même des bonnes lois,
» éclate à l'époque de leur naissance. »

D'abord il faut distinguer les vices d'une loi, des abus que l'homme y ajoute. Une loi bonne n'a point de vices ; mais elle est soumise , dans son exécution , aux passions des hommes. Une loi mauvaise l'est à-la-fois par les abus de l'homme et par ses propres vices. En deux mots, le divorce est une loi faible ou mauvaise, même lorsqu'on n'en use pas ; l'indissolubilité est une loi bonne , même lorsqu'on en abuse.

Si le divorce , chez une nation , devient *habituel* , la non dissolution du mariage sera donc l'état *accidentel ;* le divorce sera donc la loi générale , et le mariage l'exception. Quand le divorce sera *habituel* , l'Etat sera paisible ; oui , du calme de la mort. Il aura passé de la fré-nésie à la léthargie. *Le divorce des premiers momens n'est pas le divorce devenu habituel dans un état paisible.* Le rapporteur veut-il dire que le divorce deviendra moins fréquent à mesure qu'il deviendra plus habituel, ou qu'il sera moins scandaleux à mesure qu'il se multi-pliera davantage ? Veut-il dire que la loi du divorce tombera en désuétude , comme un ar-rêt du Conseil qui fixait l'heure d'un marché , le lieu d'une foire , ou le nom d'un village ? Cherchons dans l'histoire la preuve de cette assertion , aussi contraire aux principes de la raison qu'aux faits de la société : « *Le divorce* » *des premiers momens n'est pas le divorce de-* » *venu habituel dans un état paisible* ».

T 2

Le divorce permis chez les Juifs n'était pas le nôtre. La répudiation que leur loi accordait au mari seul, *était un acte de jurisdiction, même lorsqu'elle n'était pas un acte de justice ;* et le divorce permis chez les Grecs et chez nous, à la femme contre son époux, *est un acte de révolte , même lorsqu'il est excusé par des motifs.* Je sais bien que les doctrines philosophiques veulent établir l'égalité entre le mari et la femme ; mais lorsqu'on en vient à la pratique , on trouve la nature qui oppose son ordre éternel au désordre passager des théories humaines, et qui force le législateur de reconnaître, de déclarer que la femme est subordonnée dans la famille comme dans l'Etat, et que, même dans la société domestique , elle n'*a* d'autorité qu'autant qu'elle est *autorisée* par celui qui *est* autorité.

Dans les premiers temps de Rome , la répudiation fut permise au mari seul ; elle fut permise au mari seul dans les premiers temps de la Grèce ; car il est à remarquer que tous les peuples anciens, à mesure qu'on remonte plus haut dans leur histoire, se rapprochent davantage , dans leurs lois , des lois des Juifs (et même on trouve quelques exemples de répudiation judaïque, dans les premiers temps de notre histoire), comme les peuples modernes se rapprocheront davantage, dans leurs lois, des lois chrétiennes, à mesure qu'ils avanceront dans leur carrière sociale.

Quoi qu'il en soit, chez les Juifs, chez les Romains et chez les Grecs, *le divorce des premiers momens ne fut pas le divorce devenu habituel dans un état paisible ;* car, chez les Juifs, le divorce, si rare *dans les premiers momens*, qu'on en trouve à peine un exemple dans leur histoire, devint si *habituel* sur la fin de la république et dans l'état paisible, que leurs docteurs les plus accrédités enseignèrent alors qu'un mari peut renvoyer sa femme pour en épouser une plus belle, ou seulement parce qu'elle a laissé brûler le bouillon. Chez les Romains, le divorce, rare *dans les premiers momens*, au point que cinq siècles s'écoulèrent sans qu'on en vît un exemple, devint si *habituel* dans les derniers temps, que, selon Sénèque, les femmes comptèrent leurs années par le nombre de leurs maris, et non par les fastes des consuls; et qu'Auguste (exemple unique dans l'histoire !) fut obligé d'ordonner le mariage aux citoyens.

Chez les Grecs, comme chez tous les peuples, le divorce dut être rare dans *les premiers momens ;* mais dans l'*état paisible ,* le mépris *habituel* pour les femmes, et la dégénération

T 5

de toutes les lois naturelles furent portés à un
excès, dont un mot de Plutarque, dans ses
Œuvres morales, suffit pour nous donner une
idée : « Quant au véritable amour, on sait que
» les femmes n'y ont point de part ». M. de
Montesquieu dit que Plutarque parle comme
son siècle. Quel langage et quel siècle !

Chez tous ces peuples, *le plus grand abus
de la loi n'éclata pas à l'époque de sa naissance*; car tous commencèrent par permettre
la répudiation au mari seul, et tous finirent
par permettre à la femme de renvoyer son
mari. Les législateurs de cette loi *douce* furent Hérode, Domitien et Solon. L'une était
une loi dure, l'autre fut une loi fausse et
contre nature; et la femme eut à souffrir de
l'inconstance de son époux, et de sa propre
inconstance.

Chez les nations modernes qui admettent la
dissolution du lien conjugal, le divorce plus
scandaleux *dans les premiers momens*, parce
qu'il était nouveau, n'est pas devenu moins
abusif en devenant plus *habituel*. Le divorce
était fréquent à Genève, en Suisse, à Berlin,
dans l'*état paisible* des nations protestantes;
car il est positivement faux que la dissolution
du mariage soit permise en Pologne. En Angleterre, où le divorce n'est prononcé que

pour cause d'adultère, où la partie coupable
ne peut se remarier ; où la dissolution doit être
prononcée par le parlement, où le divorce
enfin n'est, suivant *Blackstone, tom. II, chapitre 7*, qu'une dérogation à la loi générale
de l'indissolubilité ; en Angleterre, le divorce
de ce temps-ci est si peu le divorce *des premiers momens*, et en devenant *habituel*, il
est devenu si incommode et si abusif, que
« quoique, dit M. Malleville, les frais d'un
» pareil acte et de telles procédures soient
» énormes, cependant l'abondance de l'or et
» la corruption des mœurs rendaient les adul-
» tères et les divorces si fréquens, qu'en 1779,
» ils excitèrent la sollicitude du parlement, et
» il y eut des avis, particulièrement celui du
» duc de Richmond, pour abolir entièrement
» le divorce. On se contenta cependant d'y
» mettre de nouvelles entraves ; on défendit à
» l'homme et à la femme adultères de se re-
» marier avant un an ; mais l'expérience a
» prouvé que ce remède ne remplissait pas
» son objet, et dernièrement encore on a vu
» des plaintes se renouveler à ce sujet au par-
» lement ».

Enfin nous-mêmes, depuis que nous sommes
dans un état paisible, nous nous appercevons
que le divorce devient *habituel*, et c'est

T 4

précisément ce qui cause les alarmes des hommes vertueux, et ce qui excite la sollicitude du gouvernement. Le divorce, il est vrai, fit plus de bruit dans *les premiers mo-mens ;* mais il n'est pas depuis devenu moins fréquent pour être moins remarqué, et *ses plus grands abus n'ont pas éclaté à l'époque de sa naissance.* Aussi commun aujourd'hui à Paris qu'il le fut à son origine, il commence à gagner les provinces, et des villes il passe dans les campagnes. Il y a même eu, selon M. Malleville, plus de divorces dans les onze derniers mois de l'an 9, que dans tout l'an 8; et il est devenu si *habituel,* suivant le vœu du rapporteur, qu'on peut calculer que sur cinq mariages qui se font à Paris, il y en aura *habituellement* un de rompu.

Il n'est pas plus vrai que « le divorce, appliqué » à des mariages formés sous la loi *de fer* de l'in- » dissolubilité, ne soit pas le divorce appliqué à » ceux qu'on a contractés sous l'empire d'une » loi plus *douce et plus convenable à la nature* » *humaine* ». Car, outre que c'est une dérision amère d'appeler *douce et convenable à la nature humaine,* la loi du divorce, qui porte au plus haut point la tyrannie de l'époux, et l'oppression de la femme et de l'enfant, le divorce qui, dans les premiers momens, ne put

attaquer que des mariages contractés sous la loi
précédente, n'attaque plus aujourd'hui ceux
qui ont été contractés sous cette loi *de fer*,
mais ceux qui l'ont été sous la loi *douce* de
1792, et même quelquefois des mariages contractés depuis huit jours. On ne parle pas des
autorités que l'on allègue en faveur du divorce,
Montesquieu, *Grotius*, *Milton*, les publicis-
tes anglais, allemands, gènevois, etc. etc.
Après l'expérience de la révolution, qui a détruit des réputations de plus d'un genre, la
France, qu'on me permette cette expression,
a fait sa philosophie : sortie de ses classes,
elle peut juger ses maîtres; et elle doit, dans
les matières politiques, consulter sa raison,
éclairée aujourd'hui par les faits, bien mieux
qu'elle ne l'était par les livres.

§. I X.

Observations générales sur le Divorce.

1º. Le parlement d'Angleterre a voulu abolir
le divorce, et il l'abolira. Car, lorsqu'une nation a senti le vice d'une loi, elle n'a pas de
repos qu'elle ne l'ait changée. Il est en Europe
quelques peuples qui, sortis, depuis quelques
siècles, de l'état parfait des lois naturelles de
la société, et tombés depuis ce temps dans

la corruption, disent comme l'enfant prodigue : « Je reviendrai au lieu d'où je suis
» parti (1) ».

Il serait déshonorant pour la France de
descendre à un état imparfait, d'où sa rivale
serait la première à sortir, et nous ne sommes pas accoutumés à recevoir de pareils
exemples.

2°. L'oppression que le gouvernement exer-
cerait sur les trente-neuf quarantièmes de la
nation, qui regardent le divorce comme un
crime, serait la plus dure que la nation eût
soufferte depuis dix ans, puisque ce serait une
oppression morale et la corruption des mœurs
par les lois. Le gouvernement, pour la défense
de l'État, a le pouvoir d'anéantir la famille; il
n'a, pour aucun motif, il ne peut avoir le droit
de la corrompre.

Et non seulement il corromprait la famille
par la licence qu'il permettrait aux desirs de
l'homme, mais il en bannirait le bonheur et

---

(1) Dans le même temps, le parlement d'Angleterre dé-
libérait sur l'abolition de l'esclavage des noirs, et sur
l'abolition du divorce. Nous nous hâtâmes, pour notre malheur, de prévenir, sur la première question, le décret
qu'il n'avait pas envie de rendre, et qu'on ne proposait
que pour nous tenter, et nous décrétâmes le divorce, qui
n'était ni dans nos mœurs, ni dans nos lois.

la paix, par les haines que le divorce ne manquerait pas d'allumer entre les familles. En
effet, quels profonds ressentimens n'exciterait
pas chez ce peuple sensible, juste appréciateur
du bienfait et de l'offense; que de larmes, que
de sang ne ferait pas couler l'affront d'une fille,
souvent innocente, renvoyée sans honneur et
sans nom dans cette maison paternelle, et au
sein de ces parens qu'elle avait quittés naguère
heureuse et fière de la beauté d'une vierge et
de la dignité d'une épouse ! Et si le Français
dégénérait au point d'y être insensible, il en
viendrait sans doute bientôt à cet excès d'avilissement où est tombé un peuple voisin, même
dans les conditions les plus opulentes, à éva-
luer en livres, sous et deniers, la faiblesse d'une
femme, le crime d'un séducteur, la honte d'un
mari, et à s'en faire adjuger le montant à dire
d'experts.

3º. Une petite partie de la nation regarde le
divorce comme toléré, et elle n'usait même
pas de cette tolérance; tout le reste le regarde
comme un crime; et s'il y a quelques personnes qui le regardent comme un bien, on ne fait
pas des lois pour elles. Permettre le divorce à
tous, ce serait perpétuer gratuitement les différences religieuses, source féconde de dis-
sensions politiques; l'interdire à tous, comme

il a été proposé pour l'Angleterre, dans son parlement, ce serait remplir un devoir envers la plus grande partie de la nation, sans faire aucun tort à l'autre ; ce serait sur-tout préparer les voies à l'unité religieuse, premier but de tout gouvernement sage, mais qu'il ne doit jamais attendre que de l'instruction et du temps.

Car l'opinion qu'il faut séparer avec soin le religieux du civil, n'a pas encore prescrit dans la société, quoique répandue sous mille formes depuis un siècle. Le gouvernement, sans doute, ne doit pas ordonner tout ce que la religion prescrit de personnel à l'homme ; mais il ne doit rien permettre de ce qu'elle défend de fondamental dans la société, encore moins rien défendre de ce qu'elle ordonne : quelquefois même il peut la précéder, et interdire ce qu'elle n'a toléré que pour un temps. La religion dirige les volontés ; les lois civiles répriment les actions. Séparer, dans la société, la direction des volontés de la répression des actions, c'est séparer, dans l'homme, l'âme du corps, c'est matérialiser la société, c'est l'anéantir, en y détruisant le principe de sa force et de ses progrès. La force indestructible, la prééminence incontestable de la France, consistaient dans cet accord du religieux et du civil, plus juste, plus parfait en France, peut-être, que dans aucune autre nation; et qui, donnant à sa constitution cet élément théocratique qui la distinguait, fesait que l'Etat *très-chrétien* était l'Etat très-puissant.

4°. Des personnes, qui déplorent la faiblesse de nos penchans mieux qu'elles ne jugent les progrès de notre raison, voudraient nous ramener à de meilleures mœurs, par un divorce sagement restreint. Elles veulent faire de bonnes mœurs, pour faire de bonnes lois; elles citent les anciens à tout propos, et cet adage célèbre d'un de leurs poètes : *Quid leges sine moribus vanœ proficiunt ?* Les temps anciens ne ressemblent en rien aux temps modernes. On remarque des mœurs chez les anciens, c'est-à-dire, l'observation des lois domestiques, plutôt que des lois politiques, et cela doit être ; parce que les anciens, placés plus près du commencement, se rapprochaient davantage du temps où la famille avait précédé l'Etat. Leurs lois politiques, s'ils en avaient, étaient extrêmement imparfaites, et M. de Montesquieu va jusqu'à dire que les anciens n'avaient pas même l'idée d'un gouvernement établi sur des lois fondamentales. Dans cet état des choses, les mœurs, loin de trouver un appui dans les lois politiques ou religieuses, n'y trouvaient qu'inconsistance , absurdité , licence et désordre. Et, par exemple, quelle humanité ne fallait-il pas dans les mœurs, là où l'Etat et même la religion présentaient au peuple le spectacle de l'homicide comme un passe-temps, ou comme un sacrifice agréable à la divinité ? Que de tempérance ne fallait-il pas là où la prostitution fesait une partie du culte public; là où le divorce le plus illimité était permis et les amours infâmes autorisés ? Certes, des lois pareilles ne pouvaient attendre leur correctif que des mœurs, qui même ne résistèrent que peu de temps chez les Romains, et encore moins chez les Grecs, à l'influence puissante de ces lois corruptrices. Mais depuis que *la plus haute sagesse s'est fait entendre* aux hommes, comme dit J. J. Rousseau, et que la connaissance des rapports naturels de l'homme avec ses semblables a servi de base aux codes des sociétés, la raison est devenue publique, les lois ont atteint la perfection, et alors les mœurs, loin de servir de correctif à des lois faibles , désordonnées et variables, ont trouvé leur règle dans des lois fortes et immuables; alors on a pu renverser la maxime des anciens, et dire : *Quid mores sine legibus*, etc.; et l'on n'a plus dû attendre la restauration des mœurs que de la bonté des lois. Ainsi il serait insensé de penser que les passions des hommes, éveillées par la licence des arts, seront plus modérées lorsqu'elles auront plus de moyens de se satisfaire, ou qu'après cinquante ans de divorce, il sera plus aisé de revenir à l'indissolubilité.

5°. Je finirai par une réflexion digne de fixer l'attention des hommes d'Etat.

Les nations qui admettent le divorce ou la polygamie, sont les plus faibles de toutes les nations européennes, moins de force d'agression, que de force de stabilité et de conservation. La France, qui rejette le divorce, était la plus forte des nations chrétiennes, parce qu'elle était la plus raisonnable, la plus naturelle dans ses lois. Si elle décrète la dissolubilité du lien conjugal, avec quelques restrictions d'ailleurs qu'elle en permette la dissolution, elle posera solennellement, au dix-neuvième siècle, après trois siècles de discussions, de connaissances et de lumières, à la face de l'univers, et en présence de tous les grands esprits qu'elle a produits, de Descartes, de Bossuet, de Fénélon, de Domat, de d'Aguesseau, elle posera comme un principe : QUE LES LOIS DOIVENT ÊTRE PLUS FAIBLES, A MESURE QUE LES MŒURS SONT PLUS CORROMPUES; et que lorsque les hommes ne

voient dans le mariage qu'une jouissance , et se
font de la licence un jeu , le divorce doit être la
peine de l'adultère ; le changement , le remède
de l'inconstance ; les plaisirs , le frein de la
volupté. Le divorce fut permis, il y a trois
siècles, parce qu'on crut en trouver la tolérance dans les oracles divins; aujourd'hui on
le décrétera uniquement comme une condescendance pour les passions humaines. Cette
loi portée, en 1792 , comme la *conséquence*
nécessaire d'un système de destruction, et aux
cris des victimes égorgées, on la placera, dix
ans après, comme une base, un *principe* dans
un système de réédification , et au milieu des
chants de triomphe et de paix. A l'époque où
les Anglais, fatigués de sa licence, annoncent
le noble dessein d'en secouer le joug; les Français la recevront, et bien plus licencieuse encore : la faiblesse honteuse de leurs lois vengera
les peuples vaincus du succès de leurs armes;
et, comme chez les Romains :

« *Luxuria incubuit, victumque ulciscitur orbem* ».

Mais s'il suffit d'une seule idée fausse pour
dépraver un homme, quel serait, pour une
nation, l'effet d'un principe absurde dont elle
aurait fait la base de sa législation ? La raison
publique, dont la France, en Europe, était
l'organe.

l'organe, en serait obscurcie ; la législation commune des nations chrétiennes en serait ébranlée ; et il serait démontré à l'homme, qui voit dans la supériorité des lumières le seul titre de prééminence entre les peuples civilisés, que la France est déchue de sa prérogative , et que le sceptre de l'Europe va passer en d'autres mains.

FIN.

V

TABLE
DES MATIÈRES.

~~~~~~

Fin de la Table.

www.ingramcontent.com/pod-product-compliance
Lightning Source LLC
Chambersburg PA
CBHW060422200326
41518CB00009B/1446